Justin Herald

3
atitude

2011, Editora Fundamento Educacional Ltda.

Editor e edição de texto: Editora Fundamento
Capa e editoração eletrônica: Tricem – Comunicação e Design
CTP e impressão: Avenida Gráfica e Editora Ltda.
Tradução: Pedro Rocha de Oliveira

Produzido originalmente por Allen & Unwin
Copyright © Justin Herald 2005

Dados Internacionais de Catalogação na Publicação (CIP)
(Câmara Brasileira do Livro, SP, Brasil)

Herald, Justin
    Atitude 3 / Justin Herald ; [versão brasileira da editora] –
2. ed. – São Paulo, SP : Editora Fundamento Educacional, 2011.

    Título original : How to Grow Your Business

    1. Atitude (Psicologia) 2. Autorrealização 3. Conduta de vida
4. Felicidade 5. Finanças pessoais 6. Prosperidade 7. Riqueza
8. Sucesso I. Título.

10-07985   CDD-158.1

Índice para catálogo sistemático
1. Atitude e prosperidade : Psicologia aplicada 158.1

Fundação Biblioteca Nacional

Depósito legal na Biblioteca Nacional, conforme Decreto n.º 1.825, de dezembro de 1907.
Todos os direitos reservados no Brasil por Editora Fundamento Educacional Ltda.

Impresso no Brasil

Telefone: (41) 3015 9700
E-mail: info@editorafundamento.com.br
Site: www.editorafundamento.com.br

Este livro foi impresso em papel
chamois bulk 80 g/m² e a capa em
cartão triplex speciala 250 g/m².

SUMÁRIO

INTRODUÇÃO 5

CAPÍTULO 1

Descobrindo onde está a diferença................................... 7

CAPÍTULO 2

Atraindo a atenção da mídia sem pagar por isso...................... 19

CAPÍTULO 3

**Usando os próprios clientes para fazer
os negócios prosperarem sem gastar um centavo**................... 31

CAPÍTULO 4

Compreender o que o cliente quer não custa nada................. 43

CAPÍTULO 5

**Os três componentes mais importantes de qualquer
empresa: (1) serviço; (2) serviço; (3) serviço**............................... 56

■ Sugestões de bom serviço prestado ao cliente ■ Indicações de mau atendimento

CAPÍTULO 6

De olho nas despesas, todas as semanas..................................... 68

CAPÍTULO 7

Alianças estratégicas têm custo zero.............................78

CAPÍTULO 8

**A formação da empresa está ligada
à formação de relacionamentos**.......................................90

CAPÍTULO 9

Peça favores e conselhos..102

CAPÍTULO 10

Direcione o sucesso para além das fronteiras..........113

■ **1.** Orientação ■ **2.** Nitidez de visão ■ **3.** Percepção tardia do que deveria ter sido feito ■ **4.** Visão 20/20 ■ O empreendedor

CONCLUSÃO 126

■ **1.** Aperfeiçoamento ■ **2.** Ação ■ **3.** Estratégia ■ **4.** Individualidade ■ **5.** Compromisso ■ **6.** Satisfação

Introdução

Existem à venda muitos, muitos livros sobre negócios, todos apontando maneiras ótimas de fazer a empresa crescer e gerar mais dinheiro, bem como de passá-la adiante, permitindo a seu proprietário desfrutar da riqueza ainda enquanto jovem. Tais livros, em sua maioria, são ótimos. Por que, então, escrever mais um?

O motivo que me levou a fazer deste trabalho um livro sobre negócios, e não um recurso motivacional, é o meu desejo de apontar ações específicas a serem adotadas para o crescimento da empresa, sem gastar rios de dinheiro.

Atualmente, não faltam conceitos originais e sofisticados visando à prosperidade nos negócios, mas quero rever com você um modo direto – simplista mesmo – de fazer as coisas. Os aspectos simples do crescimento empresarial são ignorados com muita facilidade nos tempos atuais, em que todo mundo quer ser o primeiro a descobrir "o segredo do sucesso nos negócios".

E se houver, porém, vários segredos? E se forem eles tão simples que, se aplicados, lhe permitam fazer os negócios prosperarem sem gastar um só centavo?

"Sei, sei, Justin", ouço você dizer. Mas foi o que aconteceu comigo. Apenas concentrei-me nos aspectos básicos, o que me rendeu e a minha empresa, um bom dinheirinho, para dizer o mínimo. Tudo o que você vai ler neste livro refere-se a este "básico" – os métodos que utilizei com tanto sucesso.

Hoje, percorro o mundo todo falando desses métodos, ajudo empresários extremamente bem-sucedidos a empregá-los e estou certo de que, se você fizer o mesmo, verá os seus negócios prosperarem como jamais imaginou ser possível. Então, vai se perguntar por que não experimentou isso antes.

Uso muitos casos reais para ilustrar minhas ideias. Só não revelo os nomes das empresas que aponto como exemplos de fracasso, para não ferir sentimentos. No entanto as que alcançaram o sucesso têm seus nomes mencionados. Não que eu possua algum interesse em tais empresas; quero apenas mostrar a você que conto histórias verdadeiras, de gente de carne e osso, que faz bem o seu trabalho e administra bem as suas empresas. O desejo de alcançar a excelência em todos os aspectos dos negócios contribuiu para o seu sucesso.

Quando entender os princípios que estão por trás das ideias que discuto aqui, se examinar atentamente o funcionamento da empresa e aperfeiçoar algumas áreas, verá aumentarem os lucros e a satisfação dos clientes, o que lhe permitirá adotar o estilo de vida com que sonhou desde o início. Não pretendo, de forma alguma, afirmar que possuo todas as respostas que levam ao sucesso. Quero apenas apontar as áreas que fizeram de mim e de outros empresários indivíduos bem-sucedidos.

Justin Herald

Capítulo 1

DESCOBRINDO ONDE ESTÁ A DIFERENÇA

Duas questões muito importantes acerca do funcionamento das empresas são frequentemente deixadas de lado pelos proprietários – o que é uma pena, pois, se mantidas em mente, podem ser a chave do crescimento dos negócios.

1. O que torna a sua empresa diferente de todas as outras?
2. O que faria com que eu e outros potenciais clientes decidíssemos comprar os seus produtos ou utilizar os seus serviços?

Atualmente, o problema com muitas empresas é o fato de procurarem manter-se somente no mesmo nível das concorrentes. Os empresários pensam que, se os outros adotam determinado sistema operacional, isso indica ser aquela a única maneira de atuar.

Eis aí um enorme engano. Na maior parte das vezes, a empresa acaba competindo com ela mesma. Para ser bem-sucedido no mundo dos negócios, é preciso destacar-se da multidão: ser visto pelos clientes em potencial como a melhor escolha possível. Mas, hoje em dia, são tantas as opções que se torna cada vez mais difícil chamar a atenção deles. O cliente não é bobo, muito pelo contrário: ele quer, na verdade, produtos, serviços e abordagens diferentes, e precisa disso.

Embora você talvez tenha a oferecer serviços diferentes e produtos melhores que os da concorrência, o cliente não descobre isso ao encontrar o nome da sua empresa nas páginas amarelas. Uma loja de roupas não passa de uma loja de roupas, um corretor de imóveis é apenas um corretor de imóveis, e um eletricista é somente um eletricista para a maioria dos clientes – até que se mostre a eles a diferença. Cabe a você fazer isso, e a melhor maneira de conseguir um resultado é cuidar para que os clientes percebam qual é esse diferencial toda vez que entrarem em contato com a sua empresa.

Nunca presuma que o cliente vai simplesmente "saber" que você oferece melhores serviços ou maior variedade de produtos.

Transmita a ele essa informação. Proporcione a ele uma experiência marcante. Esta deve representar uma parte importante do seu plano de marketing. O bom é que ser diferente faz todo o sentido e tem custo zero. O mais difícil é compreender o conceito e descobrir com precisão o que diferencia você dos outros.

Existem muitas áreas em que a sua empresa pode se destacar das outras. Uma delas é o preço. E não é preciso gastar dinheiro para fazer isso.

Quando inaugurei a Attitude Inc®, sabia estar entrando em um mercado já saturado de marcas de roupas. Tinha de fazer a minha empresa se destacar. Para mim, o meio mais fácil de conseguir isso seria estabelecer preços abaixo daqueles praticados pela concorrência. Embora às vezes seja difícil adotar essa estratégia em determinados setores, a empresa competitiva em matéria de preços pelo menos oferece ao consumidor um motivo para pensar.

A parte negativa da competitividade em matéria de preços é que a empresa frequentemente sacrifica os serviços que oferece, para compensar a perda. Eis aí um grave erro, que se volta contra o empresário. Como veremos no capítulo 5, o serviço é o único aspecto em que não se pode fazer concessões.

O elemento diferencial de algumas empresas é o fato de terem preços mais baixos ou serem mais eficientes em matéria de custos. No entanto, se ninguém fica sabendo disso, a vantagem se perde. Você vai ver que, às vezes, o cliente precisa ser informado dos aspectos mais simples da empresa.

Voltando à Attitude Inc®: assim que os comerciantes perceberam que minhas camisetas chegavam a eles por um preço pelo menos 5 dólares mais barato que a mercadoria da concorrência, passaram a ver meus produtos com outros olhos. Perceberam que poderiam vender maior quantidade de camisetas mais baratas a um número maior de pessoas. Pura matemática básica!

Toda vez que visitava um lojista – um novo comprador em potencial – eu chamava sua atenção para o meu preço. Ele imediatamente fazia a comparação com os preços de outros produtos. E notava a diferença.

Outro aspecto destacado por mim era o fato de outras confecções exigirem uma quantidade mínima de produtos em cada pedido, enquanto o meu mínimo era *uma* camiseta (embora isso jamais tenha acontecido).

Veja: eu tinha de fazer a minha empresa se destacar das outras. Tinha de operar de maneira completamente diversa da adotada pelos concorrentes. Eles contavam com vultosos orçamentos para marketing, uma força de trabalho numerosa e clientes. Deveria eu seguir o caminho adotado por eles? Não. Impossível. Quando comecei, não tinha dinheiro e tive de me concentrar em outras áreas, que se revelaram muito simples. Mas devo admitir que me surpreendi, ao perceber que, sendo bem-feitas as coisas mais corriqueiras, todo o resto começou a funcionar com o tempo.

Outra área que pode representar a diferença é o serviço. Um bom atendimento parece uma forma de arte que se perdeu – e não precisa custar dinheiro algum. Oferecer um bom serviço é uma das melhores maneiras de fazer uma empresa crescer. Se a sua se orgulha do cuidado que dispensa aos clientes, você tem de fazer com que as pessoas saibam. Esse é um enorme ponto a favor de qualquer empresa.

O cliente só vai saber que você presta um serviço diferente se for informado disso. Digo e repito: nunca presuma que todos sabem – é preciso mostrar!

Hoje em dia, muitas empresas prestam um péssimo serviço – a tal ponto que, se os clientes em potencial souberem do seu bom desempenho nessa área, você terá em mãos uma poderosa ferramenta de marketing para fazer a empresa crescer. De nada adianta, porém, anunciar um excelente serviço se não for verdade. A mentira vai ser descoberta logo, logo.

A excelência nessa área traz bons resultados praticamente de imediato, mas deixe o seu serviço falar por si. Assim, os próprios clientes farão comentários positivos, levando os seus negócios a se multiplicarem.

São muitas as áreas não financeiras capazes de fazer uma empresa se destacar. Apontei apenas duas, que me vieram à mente assim que comecei a escrever. Você precisa descobrir o que mais pode cumprir esse papel. Se estiver em dúvida, sugiro que pergunte a alguns clientes regulares. Garanto que eles sabem.

A resposta pode estar no atendimento pós-venda, na capacidade de completar o trabalho para o cliente, no tempo de permanência no mercado ou no bom desempenho da equipe. O ponto principal, porém, é que você não precisará pensar muito no assunto, pois a solução vai saltar aos olhos.

Quero apontar alguns exemplos de como o elemento diferencial foi destacado. Você verá que não se trata de ciência espacial, mas de senso comum. O problema é que, atualmente, o senso comum não parece tão comum. Os exemplos vão demonstrar como é fácil encontrar o ponto que faz a diferença – sem gastar um só centavo.

Meses atrás, fui procurado pela dona de uma agência de cobrança de dívidas – a Accelerated Collection Services Pty Ltd. Sônia tentava encontrar meios de fazer a empresa crescer, mas parecia haver chegado a um beco sem saída. O dinheiro gasto em publicidade não trouxera retorno.

Depois de falarmos algum tempo ao telefone sobre vários aspectos da operação da empresa, uma informação mudou por completo o rumo da conversa. Sônia me disse que tinha somente mulheres trabalhando para ela. Eu a interrompi de imediato e perguntei se isso era normal no setor. Sônia respondeu que, ao contrário, atuava em um universo eminentemente masculino. Logo visualizei as imagens que vêm à cabeça das pessoas, ao ouvirem as palavras "agência de cobrança". Sônia vinha tentando dia após dia destacar-se da multidão. Queria um ponto que fizesse a diferença, e ali estava ele.

Eu sabia exatamente como ajudá-la. Tudo o que ela precisava era informar aos clientes em potencial que sua empresa era operada somente por mulheres. A imagem de uma equipe feminina vinha associada a um ambiente de cuidado e a uma abordagem mais gentil. Expliquei que aquele ponto precisava ser enfatizado o mais depressa possível. Eis aí um detalhe que pode parecer insignificante à primeira vista, mas representava uma enorme diferença que devia ser destacada.

Sônia seguiu minha sugestão, e os resultados foram surpreendentes. A empresa atraiu os elogios da mídia e conquistou numerosos novos clientes em razão daquele ponto que fez a diferença: uma equipe inteiramente formada por mulheres realizava uma abordagem original em relação à cobrança de dívidas. E, segundo os novos clientes, o elemento diferencial oferecido por Sônia facilitou o pagamento de dívidas que há muito se arrastavam.

É preciso entender, porém, que a empresa já atuava com integridade e contava com excelentes sistemas operacionais antes de tomar esse caminho de crescimento. Um elemento diferencial não garante vendas extras, nem um aumento dos negócios, se não estiver instalada uma estrutura de apoio.

Infelizmente, muitas empresas não fazem mais que tirar proveito de suas diferenças; não possuem valor sólido algum, e é isso que acaba por levá-las ao fracasso.

Não faz muito tempo, Trish, uma cliente, convidou-me para um almoço a três: ela, sua contadora e eu. A empresa de Trish vinha crescendo em ritmo constante, e ela queria dar mais atenção a determinadas áreas. Assim, achou melhor que a contadora estivesse presente e logo tomasse conhecimento do que precisaria ser feito.

Foi um almoço agradável, durante o qual discutimos os aspectos do funcionamento da empresa que preocupavam Trish. Esclarecidas as dúvidas, a conversa encaminhou-se para os problemas ligados ao crescimento da firma da própria contadora. Realmente, faltavam-lhe recursos para investimento em marketing, e ela sentia dificuldade em conquistar novos clientes, em face da concorrência com grandes empresas de contabilidade, cujos orçamentos eram para lá de folgados. A contadora precisava de ideias que, postas em prática, a ajudassem a ser notada e a conquistar novos clientes.

Examinamos o funcionamento da empresa, seu orçamento para marketing (não havia dinheiro) e as áreas em que ela considerava ter melhor desempenho, mas não chegávamos a uma conclusão. Resolvi perguntar quantos eram os clientes da firma e obtive a resposta de que eram cerca de 40. Fiz então uma pergunta que deveria ter sido a primeira: perguntei se a empresa tinha alguns clientes "de peso"? E me surpreendi ao ouvi-la dizer que tinha três. Eram eles indivíduos muito bem-sucedidos no mundo dos negócios, de grande apelo e destaque na mídia, considerados empresários competentes.

Perguntei então se eles permitiriam que ela mencionasse seus nomes a clientes em potencial. Fiquei sabendo que a contadora tinha permissão, mas jamais utilizara tal recurso, por não perceber benefício algum na estratégia.

Tínhamos chegado ao ponto. Expliquei a ela que pequenas empresas custam a conquistar credibilidade. Aqueles clientes *high profile* seriam um excelente ponto de referência, capaz de atrair atenção para a firma.

Terminamos o almoço, e cada um tomou seu caminho. Algumas semanas mais tarde, perguntei à contadora se havia seguido a minha sugestão. Ela disse que sim, que passara a mencionar os nomes dos clientes de peso ao apresentar-se. Aquela atitude simples teve um efeito incrível sobre o crescimento da empresa – e não custou um centavo sequer.

Às vezes, as ações mais simples produzem os melhores resultados. Tudo o que ela fez foi destacar algo em que, antes, nada via de especial.

Que aspecto, considerado por você normal ou irrelevante, poderia representar, para clientes em potencial, um fator decisivo na hora de escolher a sua empresa para fazer negócios? É tudo uma questão de personalidade.

Tente ver a sua empresa com os olhos do cliente. Pergunte-se por que eles se aproximam a cada vez. Assim, você vai manter o foco na parte boa, segundo a perspectiva do consumidor.

Vou dar um exemplo perfeito de como algumas grandes empresas utilizam esta precisa ferramenta de marketing – a perspectiva do cliente – com excelentes resultados.

Recentemente, quando eu assistia à televisão, foi apresentado um anúncio de determinado modelo de carro. No fim da propaganda, um lembrete: "ar-condicionado grátis". Não dei muita atenção, mas a propaganda se repetiu mais tarde e comecei a perceber a insistência na gratuidade do acessório.

Aquilo me intrigou. Então, no dia seguinte, decidi pesquisar. Telefonei para o representante local perguntando se, nos modelos dos anos anteriores, o carro vinha equipado com ar-condicionado e se isso acarretava algum custo extra. Assim, fiquei sabendo que o referido modelo sempre viera com ar-condicionado de fábrica, sem que o comprador pagasse mais pelo conforto.

Eis aí um exemplo perfeito do que eu disse. O fabricante apenas apontou o óbvio. A estratégia foi adotada simplesmente porque ninguém mais vinha explorando aquele ângulo. A arte do marketing não está em descobrir métodos originais e inteligentes; está em apontar o óbvio. A sua empresa provavelmente possui aspectos diferenciais importantíssimos, mas, como você vive o dia a dia, não os percebe, considerando-os fatos comuns. Observe atentamente a sua empresa, os seus produtos e serviços. Descubra em que área se destacam dos concorrentes. Mas faça de modo que as pessoas que você quer atingir parem e prestem atenção.

Na verdade, não é difícil encontrar aquele ponto que faz a diferença. A razão pela qual muitos empresários encontram dificuldade nessa tarefa, perdendo assim grandes oportunidades, é a falta de distanciamento.

Para fazer uma empresa crescer, é preciso mais vendas, mais clientes e, com certa frequência, uma nova abordagem. Para isso, você tem dois caminhos: um mais árduo, que vai fazê-lo gastar muito dinheiro e rezar na esperança de que o cliente perceba os seus anúncios criativos; e outro mais simples e barato, pelo qual você vai descobrir o que separa a sua empresa de todo o resto. A decisão é inteiramente sua. Não sei quanto a você, mas considero um grande progresso fazer a minha empresa crescer, aumentando o movimento de vendas.

Talvez você já tenha ouvido a expressão "vender o chiado da fritura, e não a linguiça". Isso se aplica à descoberta e divulgação do ponto que faz a diferença. Na maior parte do tempo, não se trata de criar aspectos novos e diferentes para a empresa, mas sim de chamar a atenção para os aspectos existentes.

Eu gosto de carro limpo e levo o meu para lavar toda semana. Você se lembra dos lava a jato automáticos? As coisas mudaram um pouco. Agora, pode-se sair do carro e saborear um café com leite ou um *cappuccino*, durante a limpeza. "Não é tão diferente assim, Justin", parece que ouço você dizer. Pense bem. Estou certo de que a pessoa que teve a ideia do modelo e o colocou em prática aproveitou o elemento diferencial em relação aos concorrentes. E, hoje em dia, as lojas de conveniência estão em todos os postos.

E o que fez o dono do posto de lavagem de carros que frequento para se destacar dos outros? Ele oferecia gratuitamente café com leite, cappuccino ou qualquer bebida quente que o freguês desejasse. Na verdade, sempre fizera isso, mas sem qualquer alarde. Com a onda de postos a oferecerem o mesmo serviço, a maior parte deles cobrando pelo que o freguês consumia durante o tempo de espera, ele decidiu chamar a atenção para o que fazia há muito tempo.

Aquela simples diferença levou muita gente a preferir seus serviços. Segundo ele me contou, fregueses vêm de longe só para saborear o café grátis. Claro que, matematicamente falando, sairia muito mais barato para eles pagarem um café perto de casa, mas aquele empresário, com uma ideia simples, conquistou uma base de fregueses leais – e isso nada lhe custou.

Lembre-se, porém, de que os seus clientes, sejam eles atuais ou potenciais, também conhecem os seus elementos diferenciais negativos, ou seja: se houver, na sua empresa, áreas que necessitem de atenção, os clientes serão os primeiros a perceber – e isso vai lhe custar dinheiro.

Eis por que é responsabilidade sua, como empresário, analisar continuamente a empresa, como se olhasse através de um microscópio, e corrigir os defeitos que possam depor contra você – antes que alguém perceba.

Depois que o cliente deixa a empresa devido a uma experiência negativa em seus negócios, torna-se muito mais difícil trazê-lo de volta. A concorrência é grande. Você sabe disso, mas é bom lembrar. Para o cliente, é fácil mudar se suas necessidades não forem atendidas. Afinal, ele compreende que sua posição apresenta uma diferença importante em relação à do empresário: é o cliente quem decide como gastar o próprio dinheiro.

Imagine que, aos olhos do cliente, o elemento diferencial da sua empresa sejam a rudeza, o preço elevado ou a mesmice. Nesse caso, ninguém terá vontade de negociar com ela. Por isso é tão importante, para quem abre ou administra um negócio, possuir um ponto que faça a diferença. Com a concorrência acirrada de hoje em dia, é imperativo destacar-se do resto.

Já ouviu dizer que, em matéria de excelência ou de grandes metas a atingir, "é preciso ir levantando a barra"? Pois eu vou mudar um pouco: seja você a barra. Cabe a você estabelecer o padrão. Não brinque de pegar. Não espere que os concorrentes adotem uma nova estratégia de marketing, ou um novo método de conquista de clientes, para então correr atrás deles. O cliente quer fazer parte do time vencedor. Acredito que boa parte do sucesso da Attitude Inc® se deveu ao fato de clientes e usuários finais (os compradores) saberem que participavam do meu crescimento e, por consequência, do meu sucesso. Logo, aprendi que, se o serviço ou o produto decepcionassem o cliente, eu teria de trabalhar em dobro para reconquistá-lo.

Se você encontrar o seu ponto (positivo, e não negativo) que faz a diferença e começar a tirar proveito dele, poderá criar um mercado de nicho para si.

São muitos os conceitos de marketing de nicho atualmente – tantos que acredito possam causar confusão quanto a seu verdadeiro significado. Não faz muito tempo, participei de uma pequena conferência para empresários, em que outro palestrante falou sobre a "criação de um mercado de nicho". Como acredito firmemente na necessidade de uma empresa se destacar da multidão, resolvi assistir à apresentação, exatamente antes da minha, que seria a última do dia.

A palestra durou uma hora e quarenta e cinco minutos. Que chatice! O palestrante (devo acrescentar, jamais teve uma empresa) fez a descrição mais detalhada de conceitos a que já assisti. No fim, houve um intervalo para descanso da plateia. Nunca vi as pessoas deixarem um auditório com tanta pressa!

Conforme combinado na ocasião, os ouvintes podiam interromper a apresentação a qualquer momento, para fazer perguntas. Embora não fosse esse o meu preferido, concordei com o arranjo.

Eu estava para começar a falar, quando alguém levantou a mão, pedindo a palavra, e perguntou como eu definiria um "mercado de nicho".

Minha resposta foi simples. Disse que não precisaria de uma hora ou mais para definir o conceito, mas de dez segundos. Em minha opinião, para criar um mercado de nicho, basta fazer algo diferente do que fazem os outros. Muito simples. Fui bastante aplaudido e continuei a apresentação.

Estamos cercados por inúmeros conceitos "novos" e originais acerca do crescimento de empresas, quando, na verdade, tudo se resume a senso comum. Se você começar a operar os seus negócios de maneira totalmente, ou sob algum aspecto, diferente dos outros, garanto que os clientes vão notar. Assim, eles mesmos farão a empresa crescer. Nunca subestime a força do cliente. Falaremos disso mais detalhadamente no capítulo 3.

Quando você descobre qual é o seu ponto que faz a diferença, cria um modo único de chegar ao cliente. Em última análise, é isso que lhe dá vantagem sobre os concorrentes. Mas cuide para que o cliente tome conhecimento desse elemento diferencial ou terá feito esforço em vão.

LISTA DE VERIFICAÇÃO

- Na sua empresa, qual é o ponto que faz a diferença?
- Mencione duas áreas em que você opera de maneira diferente dos concorrentes.
- Os seus clientes sabem qual é o seu ponto que faz a diferença?
- Peça a seus clientes regulares que apontem o que consideram diferente na sua empresa.
- Peça a seus clientes regulares para sugerirem áreas da empresa que necessitem de atenção.
- Você se preocupa com os concorrentes em vez de correr a própria corrida?
- O que é "nicho" em relação ao que você faz?

Capítulo 2

ATRAINDO A ATENÇÃO DA MÍDIA SEM PAGAR POR ISSO

Muito já se disse sobre a propaganda dos produtos e da empresa. Existem grandes agências de publicidade à espera de que você ganhe bastante dinheiro para contratá-las. A ideia de que esse tipo de investimento representa uma garantia de crescimento para a empresa parece largamente aceita. Mas não é algo que eu assine embaixo.

Considero a publicidade um recurso que, às vezes, dá resultado e, às vezes, não dá. E as próprias agências admitem não poder assegurar total eficácia para o crescimento da empresa.

Neste capítulo, quero destacar uma área que pode criar resultados positivos para os negócios; o seu gasto será apenas de tempo, e o impacto sobre a sua base de potenciais clientes, fortíssimo.

Que tal se você pudesse fazer a sua empresa crescer sem gastar um só centavo em publicidade?

Imagine os recursos extras de que você disporia para desenvolver produtos, contratar mais funcionários ou adquirir mercadoria e encher as prateleiras.

E se você conseguisse atrair aqueles meios de comunicação com os quais gastaria o seu suado dinheirinho, fazendo com que dessem publicidade a sua empresa sem cobrar coisa alguma?

A mídia está constantemente à procura de histórias para apresentar em shows de televisão ou jornais ou, ainda, de pessoas a serem entrevistadas em programas de rádio. O problema é que muitos empresários simplesmente esperam sentados a atenção e um telefonema dos representantes de meios de comunicação.

Mas isso raramente acontece. Você precisa agir proativamente em relação à mídia. Aqueles que compreenderem esse princípio se sairão muito bem nessa área. Lembre-se de que não faltam empresas disputando a atenção dos meios de comunicação. Cabe a você destacar-se e fazê-los notar a sua.

Devo, porém, prevenir desde já que essa estratégia nem sempre dá certo. À medida que avançar na leitura deste capítulo, você vai entender por quê. Mas leia até o fim – quem sabe sua empresa possui o aspecto ao mesmo tempo capaz de fazer a diferença e causar um grande impacto sobre os clientes? Primeiro, é preciso descobrir o que faz a sua empresa ser notícia. Isso não é necessariamente fácil, mas, quando você vir como eu consegui, vai se convencer de que não é tão difícil quanto pensava.

Não é novidade a grande divulgação que consegui na mídia da Austrália, como os programas de televisão *A Current Affair*, *Today Tonight* e *The Today Show*, numerosos shows da rede ABC, praticamente todos os mais conhecidos programas de rádio, publicações, como *The Daily Telegraph*, *The Sydney Morning Herald*, *The Age*, *The Australian*, *Wealth Creator Magazine*, *Voyeur Magazine*, *My Business*, *Dynamic Small Business Magazine*, *BRW Magazine* e *Forbes Magazine*, além de vários meios de comunicação de outros países. Não que eu tenha feito de propósito; aconteceu, simplesmente. Mas logo percebi o enorme valor de tudo aquilo e seu efeito positivo sobre o crescimento dos meus negócios.

Falei um pouco sobre o assunto no livro Atitude 1, mas, para deixar bem claro meu ponto de vista, gostaria de contar novamente como começou minha relação com a mídia, qual foi a influência sobre minha vida profissional e por que decidi jamais gastar um só centavo em publicidade, pelo resto da existência da Attitude Inc®.

Como muita gente sabe, comecei a Attitude Inc® em 1995, com apenas 50 dólares. Já que não possuía recursos para aplicar em publicidade, tive de sair a campo e vender para o maior número possível de compradores, fazendo os negócios progredirem. Durante as viagens de carro, em meus deslocamentos diários, eu ouvia programas de entrevistas pelo rádio para espantar o tédio. Os convidados eram empresários que falavam sobre o tema do dia ou da semana. Decorridas algumas semanas, reparei em um assunto frequentemente abordado e nas opiniões firmes do apresentador de um determinado programa matutino. Comecei a perceber o quanto era firme ao dizer aos ouvintes – aos jovens em especial – que mexessem o traseiro e fossem atrás do que queriam. Ele não apoiava pessoas que vivem reclamando do que "não têm". Acreditava que devemos assumir o controle da situação e, se não estiver de acordo com nossos planos, mudar as circunstâncias. Ele era um admirador ferrenho do Aussie Battler, o australiano lutador, em perfeito alinhamento com aquele tipo de indivíduo. Um dia, depois de ouvi-lo, resolvi escrever para o programa, contando que tinha entrado no mundo dos negócios sem qualquer treinamento ou conhecimento de administração de empresas, que eu era uma daquelas pessoas dispostas a levantar-se e "ir à luta", e como as coisas iam bem para mim.

Enviei a carta sem maiores expectativas e simplesmente continuei a trabalhar. Quis apenas que ele soubesse o quanto apreciara suas palavras e o quanto eu estava farto de ficar aquém das minhas expectativas. Cerca de três semanas mais tarde, recebi um telefonema da estação de rádio, perguntando se eu gostaria de uma entrevista com o locutor do programa.

Fiquei muito satisfeito, mas a entrevista seria no dia seguinte, quando eu estaria em Brisbane. Teríamos de conversar pelo telefone celular. E assim ficou combinado.

De manhã, às 7 horas, o telefone tocou. A entrevista durou cerca de nove minutos. O locutor conversou bastante sobre o teor da carta e sobre o fato de eu estar melhorando de vida, além de mencionar a minha entrada no mundo dos negócios com um capital de apenas 50 dólares. Em seguida, fez várias perguntas acerca do início de minhas atividades e de como as pessoas poderiam comprar meus produtos.

Respondi que, tendo começado há apenas seis meses, ainda estava à procura de novas lojas para colocar minha marca. Ele recomendou os meus produtos e disse aos ouvintes que falassem das camisetas Attitude Inc® aos proprietários de lojas de roupas.

Quando a entrevista terminou, minha cunhada, em cuja casa eu estava, perguntou como havia sido. "Tudo bem", eu disse, acrescentando que o locutor ficara muito impressionado pelo meu capital inicial. Na verdade, não pensei muito no assunto, mas, em poucos minutos, o telefone tocou novamente. Alguém queria saber se eu tinha acabado de dar uma entrevista no rádio, contando de uma empresa iniciada com 50 dólares. Confirmei e perguntei quem estava falando. Era um funcionário da produção do programa de televisão *A Current Affair*. Para dar uma pálida ideia do que senti, devo dizer que um telefonema de *A Current Affair* abala qualquer um. Até então, eu só vira naquele programa histórias de vigaristas e trapaceiros e me preocupei: por que entravam em contato comigo? Logo fiquei sabendo, porém, que pretendiam fazer um filme contando a história do meu sucesso.

Concordei e marcamos a data. Muitos outros veículos da mídia fizeram contato naquele dia. Um deles veio de outro programa de negócios, mas preferi ficar com *A Current Affair*, que tinha mais audiência (cuide para obter o máximo de exposição e atingir o maior número possível de pessoas).

Decidi perguntar a todos que me telefonaram por que se interessavam tanto pela minha história. A resposta foi sempre a mesma: "Você começou os negócios com apenas 50 dólares." Não sei quanto a você, mas, quando acordo de manhã, sou dono de minha vida. A visão de outras pessoas, porém, pode ser completamente diferente. Se eu fosse criar uma manchete para definir minha situação no dia em que entrei no mundo dos negócios, seria algo assim: "Com apenas 50 dólares no bolso, aos 25 anos, Justin Herald tinha um futuro incerto." Mas o ponto de vista da mídia era outro. O pessoal ficou encantado com o fato de eu só possuir 50 dólares. A história se espalhou e, naquela noite, 160 lojas fizeram pedidos. Em três horas, o retorno passou de "razoável" a "espetacular"! Aquele programa de televisão gerou telefonemas de toda a Austrália e até da Nova Zelândia. Em um efeito cascata, outros meios de comunicação me procuraram, querendo destacar meu começo e meu sucesso. Como se vê, mídia chama mídia.

Se quer que a mídia saiba o que você está fazendo e divulgue a sua história de sucesso nos negócios, precisa mostrar que está aí. Essa parece uma ideia simples, mas é surpreendente a quantidade de empresários que acreditam ser possível esperar que a mídia "ouça falar" de seu sucesso e entre em contato, para produzir matéria sobre o assunto. Nada disso. Você tem de agir e procurar as pessoas certas.

Cabe a você provocar o contato inicial. Muitos empresários enviam *press releases* em todas as direções, acreditando que isso basta. Não sou um entusiasta dessa estratégia.

Vou explicar a razão. Pense na quantidade de matérias para publicação enviadas diariamente aos meios de comunicação. São montes delas. Por que a mídia daria atenção exatamente a sua? Acredito em procurar diretamente a redação do jornal, a estação de rádio ou a produção do programa de televisão, pedindo para falar com um repórter ou produtor, e contar sua história ao vivo. Pode ser que lhe peçam para enviar os dados por fax ou e-mail, mas você terá uma pessoa definida a quem se dirigir, em vez de mandar um *press release* genérico, que pode acabar em mãos erradas.

Aí, persistência é a chave. Aliás, é a chave para o sucesso de qualquer negócio. Muitos recepcionistas (ou porteiros, como gosto de chamar) vão dizer que sua história não corresponde ao que estão procurando. Sou um tanto diferente e não levaria tal opinião muito a sério. Nesse caso, eu tentaria a todo custo obter um nome ou endereço eletrônico a quem me dirigir, passando por cima do porteiro.

A função do repórter é contar histórias. E a função do produtor do programa de televisão é descobrir histórias para apresentar. O que você faz é oferecer um possível relato. Assim, na realidade, está facilitando o trabalho deles: procurando-os, quando poderia esperar ou levar a história para outro.

Você precisa entender também por que a mídia se sentiu atraída pelo meu caso. Não foi porque abri uma fábrica de camisetas nem porque sou extremamente bonito (brincadeirinha). Foi por ter iniciado o negócio com apenas 50 dólares. Como eu já disse, para mim nada existe aí de espetacular. Eu só tinha 50 dólares, então era com isso que tinha de começar. No entanto, esse foi o "gancho" que entusiasmou os meios de comunicação. Por meio daquela história, eles mostravam ao público que qualquer um pode alcançar o que quiser, e a prova era aquele sujeito (eu, em outras palavras).

Muitos empresários cometem o erro de procurar a mídia para falar apenas de negócios, serviços ou produtos. Então, frustram-se ao ver que ninguém se interessa pelo que dizem. A razão disso é muito simples: quando os meios de comunicação percebem que a intenção do empresário é conseguir um anúncio grátis, rapidamente largam sua história como se fosse uma batata quente. Para atrair interesse, o seu relato deve conter um ponto de vista emocional e muitos aspectos pessoais. Basicamente, é mais fácil conseguir atenção da mídia quando se dá à narrativa o feitio que as histórias costumam ter ao serem apresentadas ao público.

A mídia adorou o meu começo com 50 dólares, porque sabia do impacto positivo que teria sobre o público. É a positividade que faz uma boa história. Assista à televisão ou leia jornal e vai entender o que quero dizer.

Então, qual é o aspecto da sua vida que faz do seu empreendimento uma boa história?

O fato de haver começado sem ideia alguma e alcançado grandes acertos?

Ou de a sua empresa ajudar outras pessoas?

Se houver uma perspectiva emocional por trás da empresa, será muito mais fácil vender a sua história aos meios de comunicação.

Somente você conhece os aspectos capazes de interessar à mídia. Descubra quais são e use-os.

Recentemente, fui convidado por uma revista a colaborar em um concurso que estava sendo lançado. O nome escolhido foi The Millionaire Mentor (O Mentor de Milionários). Basicamente, a ideia era encontrar um guru de empresas (palavras deles, não minhas), um guru do setor imobiliário e um guru do mercado de ações. Um concorrente em cada uma dessas áreas seria selecionado e teria suas "ideias" aproveitadas, recebendo ajuda para alcançar o sucesso dentro de um ano.

Escolhi um homem que atendia pelo nome de Stuart – um pai que criava os filhos sozinho e trabalhava em emprego de horário integral, mas que queria abrir um negócio próprio e oferecer aos filhos um estilo de vida superior ao que tinham. Sua ideia era uma etiqueta de roupas. Pessoalmente, acho o mercado de roupas saturado de *surf style*, mas o nome da marca de Stuart salvava a ideia: Beach Bum (Vagabundo de Praia) era o conceito.

Assim que li seu formulário de inscrição, soube que ele estava disposto. Um bom nome e um bom conceito empresarial são, porém, coisas diferentes. Isso ele descobriria mais tarde, mas eu tinha um bom material para começar a trabalhar.

Primeiro, o nome da empresa. Todo mundo já quis ser um vagabundo de praia, já foi um vagabundo de praia ou já foi chamado um dia de vagabundo de praia. Assim, percebi como o consumidor se sentiria imediatamente atraído e, mais importante, como a mídia se sentiria atraída. Em segundo lugar, havia os aspectos pessoais da vida de Stuart. Tudo parecia encaixar-se muito bem.

Como parte do andamento da competição, Stuart e eu passamos a nos encontrar regularmente. Desde o início, procurei demonstrar como chamar a atenção da mídia. Então, apontei as áreas que considerava mais atraentes. Para mim, o fato de criar os filhos sozinho era um aspecto importante a destacar. Mostrei a ele como falar à mídia e como preparar e-mails, uma vez que conseguisse um contato. Passei em revista tudo o que eu mesmo fizera quando inaugurei a Attitude Inc®.

Stuart começou a seguir minhas instruções. Não se passou muito tempo, e muitas histórias a respeito dele e de sua empresa vieram a público. Manchetes como "Nosso próximo milionário" e "Aussie Battler decola para altos voos" transformaram simples conselhos em um belo começo.

Em terceiro lugar, Stuart precisava estar pronto para lidar com os possíveis resultados de suas ações. De que adiantaria aparecer em *A Current Affair* se não possuísse camisetas em estoque ou não tivesse instalado uma estrutura para entrega da mercadoria? Embora a atenção da mídia possa realmente impulsionar os negócios, também é capaz de prejudicá-los se faltar estrutura. E ainda mais, se você não for o que diz ser. Certa vez, li sobre dois rapazes que tinham acabado de fundar uma empresa. Como seus produtos me interessaram, resolvi fazer contato com eles. Custei a conseguir, pois o jornal não possuía mais informações. Isso leva a outro ponto: se você conseguir a atenção de meios de comunicação, cuide para que tenham todos os dados a seu respeito, de modo que possam ser transmitidos aos interessados.

Afinal, encontrei os rapazes e pedi mais informações sobre seu produto. Fiquei então sabendo que eles não haviam começado a vender e usaram a mídia para "avaliar o interesse que poderiam despertar". Que desperdício! Pensa que fiquei esperando que eles se organizassem para comprar deles? Nada disso. Procurei outra empresa, à qual me mantenho fiel até hoje.

Foi ótimo aqueles dois rapazes terem sua história contada no jornal, mas o tiro acabou saindo pela culatra. A estrutura – ou a falta dela – foi sua ruína.

Voltando ao que disse no início deste capítulo, devo explicar por que não sou um grande fã da publicidade. Digamos que um anúncio de meia página, em um jornal local, custe o equivalente a 800 dólares; em uma revista de circulação nacional, o mesmo espaço pode chegar a 4 mil dólares – em valores da Austrália. Se você tem uma pequena empresa ou entrou há pouco tempo no mundo dos negócios, acabou de empregar capital de giro na esperança de obter um retorno de 300% a 400% (se tiver sorte).

Agora, pergunte-se: qual foi a última vez em que pegou um jornal ou revista e leu todos os anúncios? Não sei quanto a você, mas só leio anúncios – e apenas aqueles que se destacam de algum modo – quando estou preso no avião e depois de já ter esmiuçado o jornal de ponta a ponta. É muita despesa por um bocado de esperança e nenhuma garantia. No entanto, se você tem a sua história e a da sua empresa contadas no mesmo jornal ou revista, é provável que todos os leitores tomem conhecimento delas – porque compram jornais e revistas para ler histórias.

Para conseguir atenção por meio da mídia, é preciso ir até onde está o consumidor, envolvendo-se em sua vida diária e estabelecendo ligação emocional com você e sua empresa. Assim, fica mais fácil perceber e destacar o seu ponto que faz a diferença, como vimos no capítulo anterior.

Outro caso a pensar, quando se trata de aparecer, é observar o que os meios de comunicação mostram diariamente. Se tomasse conhecimento do que vai na mídia, você se surpreenderia ao ver quantos caminhos existem para promover sua empresa.

Vou explicar melhor. Quando o imposto denominado *Goods and Services Tax* (GST), que incide sobre bens e serviços comercializados na Austrália, estava para começar a ser cobrado, ouvi muitas reclamações de empresários que temiam seu impacto negativo. Todo dia, surgia uma nova história sobre os prejuízos que o GST causaria. Estranhamente, ninguém parecia pensar naquele imposto sob a ótica do consumidor. Claro que houve protestos de vários grupos de consumidores, mas consegui perceber um ângulo que me deu grande visibilidade na mídia.

Como qualquer um que atue no mundo dos negócios, eu estava sempre de olho na concorrência. E, durante o período de implantação do novo imposto, ouvi meus concorrentes dizerem que teria de haver aumento no preço das roupas. Então, decidi aguentar o tranco e absorver o GST, de modo que o aumento nos impostos não afetasse os compradores.

Devo dizer que muitos outros empresários devem ter feito o mesmo; a diferença é que eles não contaram a ninguém. Eu, ao contrário, liguei para um dos maiores jornais do país e informei sobre minha decisão de não repassar ao cliente o custo extra. Marcamos um encontro para dali a poucas horas. Satisfeitos, eles me disseram ser aquela uma atitude inédita. E publicaram um artigo de página inteira, no qual comentavam o assunto e enfocavam meu sucesso nos negócios. Outros meios de comunicação tomaram conhecimento da história no dia seguinte, fazendo com que uma simples decisão estratégica provocasse uma cobertura em rede nacional de rádio e televisão. O público viu, na minha atitude, um meio de tentar aliviar sua carga e respondeu à altura, aumentando significativamente meu retorno. E a promoção não me custou coisa alguma.

Depois daquela cobertura da mídia, comecei a reparar em um aspecto simples, mas que vai surpreender você pela eficácia se for aplicado aos seus negócios. Os clientes ficaram tão ligados a minha marca e ao que ela significava em essência que passaram a procurar os meios de comunicação sempre que tinham uma história de gente bem-sucedida ou de bom atendimento para contar. Aqueles que compravam meus produtos tornaram-se os maiores divulgadores da marca.

Este é o assunto de que vou tratar no capítulo 3, mas minha última palavra a respeito da atenção da mídia é: certifique-se de corresponder à imagem transmitida. Não finja ser o que não é. Senão, a exposição terá sido à toa.

LISTA DE VERIFICAÇÃO

- Qual é o ângulo emocional por trás da história de sua empresa?
- Quais são os meios de comunicação com que você pode fazer contato hoje?
- Quais são os meios de comunicação voltados para seu atual mercado?
- Comece pelos meios de comunicação locais. É surpreendente a quantidade de histórias veiculadas nacionalmente que foram pinçadas de fontes locais.
- Sua empresa está pronta para administrar o crescimento provocado pela atenção da mídia?
- Você lê jornais e ouve rádio diariamente, pesquisando assuntos relevantes para seus negócios?

Capítulo 3

USANDO OS PRÓPRIOS CLIENTES PARA FAZER OS NEGÓCIOS PROSPERAREM SEM GASTAR UM CENTAVO

Nos próximos capítulos, quero destacar a importância dos clientes para os negócios e as várias maneiras pelas quais isso se confirma. Sei que muitos leitores já podem ter consciência dessa importância, mas pretendo demonstrar como é fácil fazer do cliente a melhor ferramenta de crescimento da empresa. E, mais uma vez, a parte boa da história é que isso não custa um só centavo.

Em suas atividades profissionais, você faz contato com os clientes todo dia. Como transformar esses encontros frente a frente em vendas – e, em última análise, em dinheiro – a custo zero?

Considero razoavelmente fácil fazer do cliente um recurso vital para a empresa. Tudo o que você tem a fazer é tratá-lo com respeito. Em troca, ele vai, com toda a satisfação, contribuir para o seu sucesso nos negócios – às vezes, sem se dar conta. O problema com muitas empresas (e devo dizer que as grandes são as piores) é não darem à clientela uma posição de importância no panorama geral. Na verdade, muitos empresários parecem enxergar o cliente como um transtorno, alguém que os impede de cumprir as tarefas diárias!

Neste capítulo, quero mostrar que é simples, muito eficaz e grátis usar o cliente para fazer a empresa crescer.

Quando inaugurei a Attitude Inc®, não tinha a menor ideia do que fazia. Como muitos pequenos empresários que começam um empreendimento porque parece a coisa certa a fazer naquele momento, eu só queria vender camisetas e seguir a vida. Na verdade, não imaginava como deveria agir em relação à tal "administração de empresas".

Se você conhece minha trajetória, sabe como tive de lutar, no início, para colocar meus produtos nos pontos de venda. Precisei enfrentar a oposição ferrenha de muitos lojistas, com ideias preconcebidas acerca de artigos que vendem. Por mais que eu falasse, minhas palavras pareciam não atingi-los.

Um comerciante chegou a me dizer que faria um pedido se houvesse "demanda". O que é isso? Como haver demanda de um produto se o cliente não consegue comprar, e muito menos ver, a mercadoria na loja? É a velha história do ovo e da galinha.

Então, fui obrigado a fazer o que a maioria dos pequenos empresários tem de fazer todo dia: pensar fora dos padrões estabelecidos. Tive de trabalhar em torno da questão do lojista que queria a "demanda" (que, se me permite, considero um perfeito exemplo do que é "pensar pequeno").

Até então, eu vendia meus produtos diretamente aos amigos e aos amigos deles. Acreditava que as vendas em lojas seriam sucesso, já que as pessoas que viam compravam. O problema era provar isso ao lojista. Lembro-me de pensar se não estaria perdendo um tempo precioso, mas não poderia estar mais longe da verdade. O que fiz em seguida representou para mim uma lição importantíssima não apenas sobre produtos, mas também sobre o progresso nos negócios – uma lição que me fez não olhar para trás e demonstrou um princípio ainda hoje aplicado por mim, seja qual for a transação em que estiver envolvido.

A primeira e mais importante providência é verificar se o cliente está mesmo interessado no produto. Enquanto os lojistas me "enrolavam", eu precisava descobrir se devia insistir ou desistir. Não quero parecer pessimista, mas você se surpreenderia ao saber quantos empresários não conseguem atingir o público com seus produtos. Com isso, somente prolongam a agonia provocada pela morte dolorosa de seu empreendimento.

A chave mestra do crescimento nos negócios é descobrir o que as pessoas pensam dos seus produtos ou serviços. Você vai ver como essa informação pode ser usada totalmente a seu favor.

Conforme contei em Atitude 1, resolvi ir a Parklea Markets, na zona noroeste de Sydney, para ver se o público gostava da minha marca. Essa constatação é de vital importância para todo empresário.

Ao chegar o dia, montamos o estande. Parecia ótimo. Minhas camisetas ficaram arrumadas de frente para os passantes, sem qualquer estrutura para atrapalhar a visão. Meu melhor amigo e eu ficamos de prontidão, à espera do grande público que viria.

As portas se abriram. Para ser honesto, eu não estava preparado para o que aconteceu. Em 15 minutos, tinha vendido tudo – uma resposta inacreditável. A razão da minha surpresa, suponho, foi o fato de poucos dias antes ter ouvido de um lojista (cujo nome prefiro não revelar) a sentença de que meus produtos não venderiam porque o público não estava "pronto" para uma nova marca (e eu nem reclamei).

Naquele dia, senti de verdade que minha empresa tinha o potencial de chegar a algum lugar. O interessante é que nós, empresários, passamos a maior parte do tempo tentando provar aos outros a nossa capacidade, quando deveríamos provar isso a cada um de nós – as pessoas que mais importam.

A partir de então, em todos os fins de semana eu podia ser encontrado em feiras e shoppings. Embora não visse ali o resultado final a ser atingido por mim ou pela minha marca, o esquema serviu de catalisador para os grandes acontecimentos que estavam por vir.

Durante a semana, eu ainda batalhava, tentando colocar meus produtos nas lojas. Embora com um sucesso relativo, a tarefa era muito árdua. A resposta constantemente seguia a linha da ausência de demanda: "Ninguém pediu a marca. Enquanto isso não acontecer, não vamos fazer pedidos."

Mais uma vez, tive de raciocinar fora dos padrões estabelecidos. É muito fácil para o empresário prender-se ao feedback negativo e aceitá-lo como fato. Por isso é tão importante manter o foco no panorama geral, e não em problemas ou comentários pequenos surgidos ao longo do caminho.

Decidido a manter o foco no panorama geral, comecei a perceber a enorme oportunidade promocional que tinha diante de mim todo fim de semana: os clientes.

E, em todo fim de semana, ouvia de vários deles o mesmo comentário: "Gosto muito da sua marca, mas não consigo encontrar nas lojas de roupas esportivas. Quando você vai colocar as suas camisetas no comércio?"

Expliquei o motivo de meus produtos não serem encontrados e falei da minha frustração com os lojistas. O que fiz de mais importante, porém, foi ouvir os comentários dos clientes e decidir tomar uma providência.

Um grande problema observado nos pequenos empresários é a tendência a não dar atenção às opiniões da clientela. Lembre-se: o que o cliente diz é um bom indicativo de seus sentimentos e/ou opiniões. Os clientes são recursos valiosos. Digo isso porque, em matéria de satisfação, eles só têm em mente a si mesmos. Portanto, pelo menos, dê atenção a seus comentários e ideias. Não sei quanto a você, mas acredito que, se minha clientela estiver satisfeita, eu também vou ficar, como consequência de sua lealdade. Muito simples!

Depois de passar cerca de um mês ouvindo os mesmos comentários todo fim de semana, decidi tomar uma atitude. Precisava pensar fora dos padrões a que sempre me refiro. Foi exatamente o que fiz, criando um ponto central que transformou a minha empresa – então responsável por pequenas operações no mercado – em marca nacional e, eventualmente, internacional. A resposta era simples.

Eu ia usar os meus clientes para fazer os negócios prosperarem! E a custo zero!

Sempre que alguém comentava o fato de não haver encontrado meus produtos nas lojas, eu explicava as dificuldades que vinha enfrentando e perguntava se a pessoa estaria disposta a colaborar comigo. Para isso, bastava que ela vestisse uma das minhas camisetas, fosse a uma loja de roupas e entregasse ao dono um cartão, explicando que "trabalhava" pela Attitude Inc®. Se o lojista quisesse ver os modelos, deveria ligar para o número impresso no cartão, e um representante iria visitá-lo com um mostruário.

A resposta me deixou de boca aberta. Consegui alcançar de 15 a 25 novas lojas por semana! Tinha centenas de "vendedores"! Quanto eu tinha de pagar a eles? Bem... nada. Eles é que me pagavam pelas camisetas, mas gostavam tanto do produto e acreditavam tanto no fabricante – ou seja, em mim – que ficavam felizes em ajudar.

Os negócios decolaram lindamente. Tudo porque eu tinha percebido que os compradores gostariam de ajudar minha empresa a crescer. A única diferença em relação aos outros empresários, na época, foi minha ousadia de pedir. E só.

Assim, logo descobri que, quando solicitados, os clientes se dispõem a ajudar no que podem.

Embora este livro trate de como fazer os negócios prosperarem sem gastar um centavo, tenho de confessar uma despesa que tive – pequena, mas de grande impacto sobre as vendas. Para cada camiseta comprada, o cliente tinha direito a um adesivo. Talvez alguns achem isso bobagem, mas vou explicar: um adesivo custava cerca de oito centavos de dólar, e eu distribuí uns 60 mil por ano. Se multiplicarmos pelos nove anos em que administrei a Attitude Inc®, temos potencialmente um mínimo de 540 mil adesivos nos vidros traseiros dos carros, promovendo meu produto. Até hoje, ainda se veem muitos deles.

Eis aí outro modo de levar o cliente a contribuir para o crescimento da empresa. Dessa vez, tudo o que tive de pagar foram oito centavos de dólar pelo privilégio.

Assim, vemos que não há necessidade de ideias e conceitos originais ou extravagantes para envolver o cliente. Basta aproveitar a lealdade dele. Se você souber pedir, ele vai ficar muito feliz em colaborar e vai sentir-se realizado com seu sucesso.

Meu êxito nos negócios não significa que eu seja um cérebro privilegiado ou que tenha pensado em alguma estratégia inédita. Tive sucesso nos negócios porque os clientes compraram meus produtos. É isso. Sem eles, não teria vendido, e minha marca não teria chegado aonde chegou. Simples assim. Pense: qual é a importância de ir ao encontro da clientela, de modo que isso contribua para o sucesso nos negócios?

Existe ainda outro aspecto. Nunca presuma que os clientes sabem tudo sobre sua empresa. Este é um grave erro cometido por muitos pequenos empresários. Cabe a você transmitir as informações aos clientes. Se atuar na área técnica, explique todos os detalhes (claro que alguns não vão se interessar, mas também é importante que você saiba disso). Quando os clientes conhecem todas as etapas dos negócios, compreendem melhor o que precisa ser feito para que se sintam satisfeitos e ficam mais propensos a indicar a empresa a outros potenciais consumidores.

O cliente não é idiota. Digo isso porque ainda me surpreendo frequentemente com a quantidade de empresas que o tratam como idiota. Como empresários, todos devemos lembrar que o cliente conta com algo de que não dispomos: a possibilidade de escolha. Se você o desagrada, ele tem a opção de, simplesmente, fazer negócios em outro lugar. No meu caso, sei o trabalho que dá atrair um novo cliente. Então, quero ter a certeza de que ele vai ficar comigo por muito tempo. Tratá-lo como inferior a mim é como lhe dar um beijo de adeus. Com isso, vou ter de gastar um bocado de dinheiro para fazê-lo recuperar a confiança em minha empresa.

O cliente percebe quando é tratado como elemento vital para o crescimento da empresa e sente-se importante, o que se traduz em lealdade durante meses ou anos. Todo empresário deve preocupar-se com a retenção dos clientes. O que vai fazer para garantir que os atuais continuem por muito tempo a fazer negócios com você?

Infelizmente, não faltam empresas anunciando e gastando fortunas para atrair novos clientes, quando sequer conseguem satisfazer os atuais. Considero isso um completo desperdício – o mesmo que atirar o dinheiro pela janela de um edifício alto e ficar olhando as notas se perderem no ar.

Atuo como mentor de uma moça chamada Patricia Freeman (Trish), que dominou extremamente bem a arte de reter clientes. Trish é dona de uma das maiores academias de ginástica de Sydney – a Oxigen: Mind & Body Fitness, localizada em Penrith.

O setor de condicionamento físico é conhecido pela inconstância dos clientes. As pessoas têm a grande ideia de entrar em forma hoje: entram para uma academia e começam a "malhar" todo dia. Quando cansam da novidade, vão rareando os exercícios até desistirem de vez.

Trish pretendia melhorar seu desempenho. A Oxigen tinha mais de 3,8 mil matriculados, e esse número aumentava a cada semana. Mas o que ela não queria era ver novos associados entrarem pela porta da frente, enquanto os antigos saíam pela porta dos fundos, por não se sentirem bem tratados.

Embora esse pareça um problema fácil de resolver, você se surpreenderia ao saber como é difícil manter muitas pessoas felizes, fazendo com que todos se sintam individualmente importantes. Alguns dos clientes de Trish desejavam cuidado e atendimento; outros só queriam chegar, fazer exercícios e ir para casa.

A equipe implementou um sistema criado por Trish, no qual todo associado, ao chegar à academia, era recebido por um funcionário. Havia também funcionários para verificar se o cliente alcançava a meta que havia estabelecido no início do programa de exercícios. E chegava-se mesmo a telefonar para os faltosos, incentivando-os. Havia interesse especial na satisfação dos clientes. Com esse sistema, a insatisfação era logo detectada. Trish e sua equipe compreenderam que, se não oferecessem algo mais à clientela, esta encontraria quem o fizesse.

O resultado foi fantástico. A porcentagem de associados que renovavam a matrícula a cada ano era o dobro da média do setor. Trish não admitia oferecer o nada que fosse abaixo de 100%, e os clientes não tinham como encontrar atendimento melhor.

Já falei em "levantar a barra". Pois Trish representa um ótimo exemplo da minha versão: seja a barra. A academia de Trish é a barra. Se ela oferece ao cliente mais do que ele pode encontrar em qualquer outro lugar, por que trocar?

Os negócios de Trish avançaram muitíssimo em poucos meses depois da implementação do novo sistema, sem qualquer publicidade na mídia local. A razão de tanto sucesso foi – e é – a satisfação de antigos e novos clientes, que os levou a incentivarem seus conhecidos a entrarem para a academia. Trish percebeu que, ao garantir a satisfação da clientela e transformá-la em sua maior força de vendas, estaria, por consequência, incrementando os negócios. E sem pagar um centavo por isso.

Nada existe de melhor do que ver os negócios prosperarem. E por que não tomar o caminho mais fácil? Preste atenção aos clientes que já conquistou. Mas não aja de maneira que eles tenham a impressão de serem obrigados a sair por aí fazendo propaganda da sua empresa. Proporcione a eles uma experiência tão positiva que lhes dê vontade de fazer isso.

Uma base sólida de clientes traduz-se em lealdade à marca ou, melhor ainda, na lealdade do próprio cliente. Infelizmente, com frequência tem-se a impressão de que, quanto maior a empresa, pior o tratamento dispensado à clientela. Se você possui uma empresa, sabe o trabalho que dá e o tempo necessário para trazer as pessoas porta adentro. E sabe também quanto custa mantê-las satisfeitas. Então, por que tantos empresários esquecem o que as levou a fazerem negócios com eles?

Se você leu meus livros anteriores, conhece minha paixão pelos carros. Para ser honesto, sou absolutamente maluco por automóveis.

Ao longo dos anos, comprei muitos carros. Presume-se (pelo senso comum) que, se eu for bem tratado pelo vendedor, devo voltar a ele, no futuro, para comprar outro veículo. Minha lealdade pode ser conquistada facilmente, mas pode ser perdida mais facilmente ainda.

Ou seja: não consigo entender o modo como alguns vendedores tratam os clientes em potencial.

Há algum tempo, eu pretendia trocar de carro. Não é segredo para ninguém que sou leal à marca BMW e queria dar uma olhada em um novo modelo.

Acompanhado de um amigo, entrei no showroom e me aproximei de um automóvel. Estava trancado. Esperamos, esperamos, esperamos – por mais de 25 minutos. Então, um vendedor se aproximou e perguntou se estava tudo bem. Tudo bem? O que você acha?

Respondi que estava interessado no veículo perto do qual me encontrava, mas gostaria de vê-lo por dentro. Ele me informou que só abriria o carro para (aspas minhas) "clientes especiais". Então, eu quis saber o que precisaria fazer para me tornar um cliente especial. Sua resposta foi um choque para mim e para o meu amigo: eu precisaria poder pagar, para que as portas do carro fossem abertas! Dizer que fiquei ofendido é pouco. Ali estava um vendedor, que não teria como comprar o carro que estava vendendo, a julgar se eu podia ou não pagar por ele. Por uma fração de segundo, senti-me tentado a provar que o vendedor estava errado, mas achei melhor ir embora. Aquela agência não estava pronta para ganhar o meu dinheiro.

Procurei o representante da BMW, que ficava na mesma rua. Entrei e pedi para falar com o vendedor mais jovem, mais novo na função. Fui apresentado a um rapaz recém-contratado.

O vendedor me convidou a sentar e conversar sobre o carro que eu desejava. Expliquei que gostaria de um BMW M3, mas não o modelo standard; queria aquele que denominam opção "individual", que me permitia escolher detalhes internos e externos.

O interesse do jovem era visível. Devo dizer que este era exatamente o tipo de resposta que eu procurava, já que estava disposto a gastar uma boa soma. Quando perguntei se sua comissão seria muito alta, ele quis saber o porquê da minha curiosidade.

– Respondi que era por causa de seu entusiasmo.

Então, ele me explicou que fazia parte das atribuições do vendedor dar uma volta no carro, acompanhando o comprador, logo depois da entrega. Como nunca havia entrado em um M3, estava ansioso!

O entusiasmo do rapaz me contagiou. Ele me fez esquecer a experiência desagradável anterior e me convenceu a encomendar o carro.

Meses mais tarde, a encomenda chegou. Recebi o M3, coloquei o vendedor a meu lado (ele levou um susto!) e tomei o rumo da agência onde tinha sido maltratado. Lá, mandei chamar o mesmo vendedor que me atendera. Ao vê-lo chegar, disse que estava "pronto" para decidir a compra de um carro, bastando para isso que ele avaliasse o meu atual veículo, de modo que calculássemos a diferença a pagar.

Quando ele me perguntou que carro era o meu, apontei displicentemente para a porta da loja. O rapaz disse que só estava vendo um M3 novinho e que eu provavelmente tinha estacionado em outro lugar. Informei-lhe então ser o dono do M3, que ele deixara de vender para mim, bem como deixaria de vender todos os carros que eu comprasse a partir daquele dia. Valeu a pena ter ido até lá só para ver a cara dele.

Como se vê, às vezes, os empresários (e suas equipes) tomam decisões pelos clientes, sem pedir licença. O vendedor perdeu de vista por completo a tarefa que tinha em mãos. Cabia a ele vender o carro, e não decidir se eu estava à altura, se podia pagar ou não. O jovem que me atendeu no representante da BMW agiu direito. Fez um trabalho tão bom antes, durante e depois da venda que, mais tarde, vim a comprar com ele outros quatro BMWs, e o recomendei a vários conhecidos. Aquele vendedor fez com que eu ajudasse a empresa a crescer.

É como eu disse: se você trata bem o cliente, ele paga na mesma moeda – a custo zero. No momento em que desrespeita o cliente, você o perde, assim como o dinheiro que ele pretendia gastar. Garanta que a pessoa não compre só uma vez. Cabe a você cuidar disso. Ao oferecer o melhor atendimento, estará conquistando um cliente a longo prazo, disposto a colaborar para o crescimento de sua empresa.

LISTA DE VERIFICAÇÃO

- Você sabe o que o cliente pensa de sua empresa e de seus produtos?
- Você considera o cliente uma oportunidade ou um fardo?
- Sempre escute o cliente. Ele pode lhe mostrar a chave de grandes vendas.
- Se você tratar bem o cliente, ele vai demonstrar grande disposição em colaborar para o crescimento de sua empresa, a custo zero.
- Estimule a lealdade do cliente, oferecendo a ele aquele "algo mais".
- Não cometa o erro de pensar que o cliente sabe tudo sobre sua empresa.
- Será que você gasta mais dinheiro tentando conquistar novos clientes do que cuidando dos que já tem?

CAPÍTULO **4**

COMPREENDER O QUE O CLIENTE QUER NÃO CUSTA NADA

Alguns leitores podem pensar que este capítulo trata do mesmo assunto abordado no anterior: como usar o cliente para fazer a empresa crescer. Pois bem, não é isso. Na verdade, é totalmente diferente.

Como você vai ver, dediquei vários capítulos ao cliente – porque é ele que traz o dinheiro e é ele que faz a empresa crescer, quando bem tratado. Quanto poderíamos ganhar a mais, se compreendêssemos o cliente e descobríssemos as razões de suas atitudes?

Frequentemente, sou solicitado a avaliar o serviço que as empresas prestam à clientela. Para isso, não fico sentado ao lado do empresário, observando todos os seus movimentos. Primeiro, faço o papel do cliente e depois apresento um relatório. Você se surpreenderia com o número de vezes em que o relatório se resume a uma questão: o vendedor, ou qualquer pessoa responsável pelo atendimento, não prestou atenção ao que eu disse ou não respondeu diretamente às minhas perguntas.

Talvez, isso não lhe pareça especialmente importante, mas, quando ouvimos o que o cliente diz, duas coisas acontecem:

- A venda fica muito mais fácil, com as necessidades da clientela atendidas exatamente e sem desperdício de tempo com questões irrelevantes.
- O cliente se sente respeitado, importante e volta para repetir a experiência.

Tudo o que o consumidor quer é ser ouvido e compreendido. O que isso custa? Nada! Lembra-se do antigo ditado que diz que "o cliente tem sempre razão"? Pois vou lhe dar a minha versão: muitas vezes, ele está errado. Muito simples. Ainda assim, porém, o empresário ou vendedor inteligentes não apontam o erro do cliente ou acabariam perdendo seu respeito e, consequentemente, o negócio. O que você ganharia por dizer a um comprador que ele está errado? Nada. Respire fundo e vá em frente.

No momento em que você se coloca diante de um cliente em potencial, deve esquecer a própria agenda e concentrar-se nele. Alguns clientes são muito exigentes, é verdade, mas o esforço extra pode valer uma enorme recompensa. Não dá para adivinhar o que vai acontecer. Um erro cometido por muitos empresários é pensar que sabem como toda venda vai acabar. O que acontece quando chega um comprador como eu na história do carro que contei no capítulo anterior? Nos dias de hoje, não é prudente seguir apenas o instinto nem julgar as pessoas pela aparência.

Você pode ter programado o crescimento da empresa, mas o cliente tem a agenda dele. A diferença é que, com ele, não existe agenda oculta. O que todo cliente quer é se sentir cuidado, bem atendido – a pessoa mais importante do mundo naquele momento. É uma exigência bem razoável e muito simples de ser atendida.

Então, por que há tantos clientes insatisfeitos?

Por que não deixamos que o cliente seja ouvido?

Recentemente, Vanessa, minha mulher, e eu queríamos comprar uma cama. A tarefa não era a número 1 da minha lista de favoritos, mas fui junto, atendendo a um pedido dela, para dar opinião (não sei por que minha mulher me pede opinião, se não escuta o que eu digo, mas esse é assunto para outro livro). Fomos de loja em loja à procura da cama ideal (imagine!).

Acabamos em uma loja relativamente perto de onde moramos. Eu só observava, de longe, enquanto Vanessa discutia nossas necessidades com o vendedor, que apontou algumas camas. Uma delas (graças a Deus) era a que ela queria.

Foi então que entrei. Como aquela era uma das camas mais caras, entre todas as que vimos durante o dia, eu quis mais informações, para saber se valia o dinheiro que ia nos custar. Satisfeitas as minhas dúvidas, prosseguimos com o negócio. Ao ver que a loja fazia uma de suas duas liquidações anuais, perguntei se ainda haveria algum desconto sobre o preço. "Sim", foi a resposta. Entreguei meu cartão de crédito para concluir a transação. Quando ia assinar o comprovante de compra, vi que o preço impresso não era o que nos haviam passado.

Ao perguntar o que estava acontecendo, soube que pagamentos com cartão de crédito não davam direito a desconto. O quê!!!???

Eu nunca ouvira falar de uma coisa assim! A vendedora (de seus 20 e poucos anos) explicou ser aquela uma prática comum e ainda acrescentou que eu provavelmente não estava acostumado a pequenos negócios.

Àquela altura, eu me sentia furioso, mas por sorte Vanessa entrou na conversa e disse que pagaríamos em dinheiro, para ter direito ao desconto. Um pouco mais calmo, perguntei quando seria feita a entrega. "São 60 dólares de taxa de entrega", disse a vendedora. Fiquei pasmo, pois, quarenta e cinco minutos antes, tinham nos dito que, por se tratar de um artigo muito caro, não seria cobrada taxa de entrega! Não. Mais uma falha na comunicação.

Novamente, minha bela e calma esposa interveio, dizendo que pagaríamos pelo transporte e perguntou quando a cama chegaria a nossa casa. Depois de muitas consultas ao computador, fomos informados de que não havia daquela cama em estoque na Austrália e teríamos de esperar nove ou dez semanas!

Tudo bem, tudo bem, já sei o que você está pensando. Voltei a ficar furioso, certo? Pois pode apostar nisso o seu último centavo. Apontei para a vendedora o enorme cartaz na vitrine da frente, no qual se lia: ENTREGA IMEDIATA DE TODOS OS ARTIGOS. Não sei se você está de acordo, mas para mim "imediata" significa "imediatamente", e "todos" quer dizer "todos"!

Apesar de tudo, tive de fazer uma concessão e deixar seguir o processo, porque "não podíamos viver sem aquela cama".

Dez semanas mais tarde, recebemos um telefonema avisando que a encomenda seria entregue no dia seguinte. Na tarde do dia marcado, ao voltar para casa, corri até o quarto, esperando ver a nova cama, onde dormiria pela primeira vez. Em vez disso, encontrei peças espalhadas pelo chão. Como Vanessa não estava, liguei para a loja e perguntei se não estava incluída no preço da entrega a montagem do móvel já que moro a apenas dois quilômetros da loja? A vendedora tinha dito que o móvel seria montado. O que aconteceu, então?

Eis a resposta que recebi: "se não estiver satisfeito com o nosso atendimento, procure a Defesa do Consumidor". E só. Ninguém procurou saber o que nos prometeram no momento da compra. Não houve pedido de desculpas pelo transtorno causado. Houve apenas um firme e definitivo "se manda".

O objetivo dessa história é demonstrar que muitos clientes só querem ser ouvidos. E, mais importante, eles vão tomar como verdade o que você disser. O momento em que você destrói a confiança é o momento do adeus para sempre. Eu não acreditaria em uma palavra do que me dissessem na loja onde comprei a cama se voltasse lá – o que não farei.

O que o cliente mais quer é não ser "enrolado". Não quer ser maltratado, não quer ser mal informado, não quer ouvir uma história atrás da outra. O cliente não quer ser enganado. Propaganda enganosa é outra falta grave, muitas vezes varrida para baixo do tapete por pequenas e grandes empresas.

Depois do que me pareceram horas de trabalho, montando a cama, devo dizer que é um excelente artigo. Nossos amigos a elogiaram. Alguns chegaram a perguntar onde a compramos, pois queriam uma igual. Pensa que dei boas referências da loja? Ora, a resposta é simples: não!

A loja perdeu várias vendas em potencial, porque seus funcionários foram lentos, forneceram informações equivocadas, não se preocuparam com o pós-venda e pouco se importaram em nos ouvir. Nada disso custaria dinheiro à loja. Eles só pensaram na venda imediata. Esqueceram que poderíamos voltar mais tarde, para comprar outros artigos. O segredo está em ouvir. Um conceito simples, mas com resultados extraordinários. Se tivessem ouvido minhas perguntas desde o início e fornecido respostas verdadeiras e honestas, não teria havido tantas surpresas desagradáveis.

Vou mostrar como usei a gratuita arte de ouvir o cliente e como aproveitei uma oportunidade que poderia ter sido desperdiçada ou ter passado despercebida.

Uns cinco anos depois da inauguração da Attitude Inc®, procurei o representante de uma importante cadeia de varejo, pretendendo colocar minha marca em suas lojas. Como isso nem sempre é fácil, eu tinha a esperança, mas não a certeza, de conseguir. Assim, sentei-me com o comprador do departamento de roupas masculinas e mostrei todos os produtos, mencionando o volume de vendas e a atenção que a mídia dava à empresa na época.

Algumas semanas mais tarde, ele chegou com a resposta. Estava disposto a trabalhar com a Attitude Inc®, mas outros compradores ainda hesitavam. A solução seria fazer uma experiência. Como a experiência consistia em alguns milhares de camisetas, posso dizer que não fiquei tão desapontado.

Quatro semanas depois da entrega dos produtos, telefonei para saber como iam as vendas, e o comprador me pediu que fosse a seu escritório no dia seguinte. Desliguei meio desanimado. Pensei que, se as coisas estivessem bem, ele teria dito.

Na manhã seguinte, lá estava eu no escritório do comprador. Ele pegou gráficos e tabelas e disse que o resultado da venda dos meus produtos tinha sido extraordinário. Na verdade, as camisetas saíram das prateleiras com uma rapidez como há muito não se via. Ele estava extremamente feliz; tão feliz que gostaria de conversar sobre outros produtos e de contar com uma variedade maior nas lojas.

Animadíssimo, perguntei se o comprador queria ver a nova linha infantil que tínhamos desenvolvido. Ele pareceu muito interessado e teve a curiosidade de saber o nome da nova coleção. Eu precisava pensar. E rápido. Não havia linha infantil alguma. É que, ao vê-lo tão satisfeito com as vendas da minha marca, percebi ali uma oportunidade.

Respondi, então, que a nova coleção tinha o nome de KWA® (Kids with Attitude – Crianças com Atitude). O comprador pediu que eu levasse o mostruário o mais rápido possível.

Fui direto até o carro, telefonei para o escritório e avisei à minha secretária que precisava de uma coleção de camisetas infantis para a semana seguinte. Apanhada de surpresa, ela respondeu que não tínhamos uma linha infantil. Então, expliquei que eu sabia disso, mas o comprador, não. E já que ele queria uma coleção de roupas infantis, estávamos diante de uma oportunidade de venda.

Tivesse eu ficado satisfeito com o sucesso inicial e fechado os ouvidos ao que disse o cliente, teria perdido a chance de lançar um novo produto. A propósito: aquela coleção deu origem a vários produtos licenciados, cuja venda fez os negócios aumentarem incrivelmente.

Você tem certeza de escutar os clientes todos os dias? Escutar não custa nada. Ou está apenas "ouvindo", sem procurar novas oportunidades?

O crescimento da empresa é muito mais fácil quando você escuta o cliente e sabe de onde ele vem. Assim, você pode se concentrar em atender a seus desejos e necessidades, em vez de perder tempo com o que não interessa a ele.

Às vezes, possuir e desenvolver uma empresa significa ir além. Muitos empresários agem como se o cliente lhes pertencesse. Quando você entende que hoje as pessoas dispõem de mais opções, passa a operar em uma esfera totalmente diferente. Na minha opinião, algumas empresas deveriam fechar as portas, já que não têm tempo para se dedicar a quem as faz ganhar dinheiro.

O segredo por trás do meu sucesso não foi o fato de eu ser um sujeito inteligente nem de criar roupas espetaculares. O segredo foi o cliente comprar meu produto. Sei que pode parecer tolice o que digo, mas pense bem. Imagine que você tenha os melhores produtos do mundo, mas, se ninguém quiser comprá-los, de nada valem.

Só compreendi realmente a importância do cliente quando abri minha primeira loja conceitual. Foi então que reparei como as pessoas apreciam as pequenas coisas que fazemos por elas. Veja este exemplo: era sábado, quase hora de fechar, e eu estava sozinho na loja, encerrando as atividades do dia. O telefone tocou. Do outro lado da linha, uma senhora me disse que vinha de outra cidade e queria muito comprar meus produtos – ela me vira na televisão –, mas não conseguia localizar o endereço. Para complicar ainda mais, ia viajar no dia seguinte, às 10 horas.

Como a compreensão do que o cliente quer é o tema deste capítulo, vou mostrar como isso é fácil e simples, embora, às vezes, possa representar um certo transtorno.

A senhora parecia tão desapontada, ao ver que não chegaria antes do fechamento da loja, que fiz uma sugestão: abrir as portas no domingo. Ela gostou da ideia, mas, segundo explicou, deveria estar no aeroporto às 9 horas.

Então, eu me ofereci para abrir a loja no horário que fosse mais conveniente. Dizendo que telefonaria em seguida, logo que tivesse conversado a respeito com o marido, ela desligou. Quinze minutos mais tarde, em nova ligação, a senhora explicou que às 7 horas seria a única opção possível, do contrário ela se atrasaria para o embarque. Disse também que eu não me preocupasse, pois ela entenderia se não fosse possível.

Respondi que não havia problema algum e que nos veríamos pela manhã. No momento do telefonema, outro lojista estava ao meu lado e ouviu o que eu disse.

– Você é maluco! Abrir a loja por causa de um comprador! Que perda de tempo!

– Não me importa o valor da compra – falei. – O que conta é oferecer algo mais ao cliente.

Na manhã seguinte, fiz o esforço de sair da cama cedo e abri a loja. Às 7 horas em ponto, chegou o casal. Os dois estavam encantados e não paravam de agradecer. Quiseram ver todos os artigos e, meia hora depois encerraram as compras, em um total de 3.450 dólares. Não custa lembrar que o preço do artigo mais caro da minha coleção era de 44,95 dólares. Eles compraram um bocado!

Valeu a pena abrir a loja cedo no domingo para receber aquela quantia? Com certeza! Mas o mais importante foi escutar e compreender as necessidades do cliente.

Talvez alguns, mesmo depois de ler essa história, ainda pensem que o cliente é que deve girar em torno deles e de suas práticas empresariais. Que bobagem! Como eu já disse, as pequenas coisas que você faz pelo cliente é que produzem mais efeito sobre os negócios. Basta escutar o que ele diz e compreender o que ele quer.

Outra coisa que você precisa saber: os clientes são diferentes. Sei que existem empresas especializadas em elaborar estatísticas baseadas nos padrões de compra do consumidor, mas não é o que vou fazer. Vou dar minha opinião com base no que observei durante anos. Trata-se de uma visão geral, mas tenho certeza de que você vai entender.

As mulheres fazem compras de maneira muito diferente da do homem. Minha mulher, por exemplo, é capaz de entrar em oito lojas seguidas, para olhar vestidos que me parecem exatamente iguais – a única diferença é a etiqueta – e entusiasmar-se em todas as oito vezes. Eu, ao contrário, entro na loja, vejo o que quero, pego, passo no caixa e vou para casa satisfeito. Nos dois casos, a venda acontece, mas os caminhos que levam até lá são diversos. Cabe a você compreender as diferenças entre um e outro, para chegar ao mesmo resultado.

O que homem e mulher têm em comum, ao comprar, é o tanto de emoção agregado a certas compras. Veja este exemplo de compra emocional: uma casa. Para praticamente todas as pessoas, essa é uma das mais importantes decisões financeiras e emocionais da vida inteira. Não consigo entender como alguns corretores de imóveis esquecem esse fato tão simples.

Recentemente, Vanessa e eu procurávamos uma casa para comprar, e liguei para alguns corretores. Ainda me espanto ao lembrar a incapacidade de escutar nossas condições e a incompreensão deles.

Queríamos uma casa com cinco quartos e deixamos isso bem claro com todos os corretores. Ainda assim, alguns nos telefonaram para oferecer casas de quatro, três e até dois quartos e tentaram convencer-nos de que não precisávamos de cinco quartos!

Como já disse, aquela era uma importante decisão emocional para nós. Então, por que foi tão difícil encontrar quem entendesse nossos sentimentos acerca do processo?

Se você tem clientes emocionalmente ligados às compras que fazem, meu conselho é: ponha para funcionar o seu equipamento de escutar e entender. Não cabe a você apontar caminhos que lhe são confortáveis, mas que não interessam aos clientes. Em uma situação assim, você pode ser a pessoa mais importante do mundo para eles. Se você lhes der a oportunidade de expressarem seus desejos e vê-los compreendidos, vão confiar fortemente em sua opinião e em seu conhecimento. Não atrapalhe, portanto.

O mesmo vale para os leitores que trabalham com outros empresários. De maneira implícita, estou emocionalmente ligado a minha empresa. O que quero dizer é: se sou o dono e administrador, eu sou a empresa. Assim, se você me presta serviços, ou eu compro algo de você, seus produtos ou serviços têm de cumprir aquilo a que se propõem.

Faça questão de escutar com interesse e entender exatamente o que é preciso. Não custa nada. Senão, é provável que você se arrependa.

Para encerrar este capítulo, quero enfatizar duas questões.

Primeiro, a importância de ir além no atendimento ao cliente. Existem muitas empresas que fazem apenas "o suficiente". Não o suficiente apenas para elas, mas também para o cliente. A única certeza aí – e eu já disse isso – é que ele tem a opção de procurar outra empresa para fazer negócios. Atualmente, não são muitos os clientes dispostos a relevar erros. É bem mais fácil trocar de empresa do que dar uma segunda chance a uma que tenha atuação insatisfatória. Se for esse o seu caso, preste atenção.

Segundo, o fato de haver concorrência em toda parte. Você sabe disso e o seu cliente também. Então, por que ele vai se manter fiel? O que você pretende fazer a cada dia para ampliar os negócios e a sua base de clientes?

Certa vez, ganhei um cartaz que dizia:

Toda manhã, na África, uma gazela acorda.
Ela sabe que deve correr mais que o leão mais veloz ou será
devorada.

Toda manhã, na África, um leão acorda.

Ele sabe que deve correr mais que a gazela mais lenta ou morrerá de fome.

Não importa se você é gazela ou leão...

Quando o sol nascer, é melhor correr.

Sim, a concorrência está em toda parte. Conheço muitos empresários que parecem cuidar apenas do que os concorrentes fazem, dia após dia. Quem se importa? Se você concentrar toda a sua atenção nos concorrentes, a única pessoa a sair perdendo é o cliente!

Cuide para que a pessoa diante da qual você está todos os dias receba o máximo de atenção. Supere suas expectativas. Como você verá no capítulo 5, o atendimento ao cliente é uma arte. Uma arte que vale a pena aprender.

Finalmente, quero falar rapidamente sobre opinião. Embora muitas empresas utilizem a opinião da clientela como ferramenta de marketing, vou fazer você pensar em uma questão: opinião versus produto.

Pretendo dizer com isso que é ótimo apresentar uma opinião positiva sobre a sua empresa. Mas, se o seu produto (ou serviço, ou o que quer que seja) não fizer jus à opinião, você vai ter problemas.

Eu adoro café. Recentemente, andava por um shopping e vi na vitrine de uma cafeteria: "Servimos o melhor café de Castle Hill." Fui conquistado imediatamente. Eles me ganharam como cliente – com facilidade, devo dizer. Pedi café "para viagem". Sentei no carro, dei o primeiro gole e quase cuspi nos belos assentos de couro. Que gosto horrível!

Na semana seguinte, passei diante da mesma cafeteria e vi um novo anúncio na vitrine: "Temos o bolo de chocolate mais gostoso de Castle Hill." Pensa que entrei para provar? De jeito nenhum!

Minha opinião sobre o produto passava muito longe do que queriam me fazer pensar. Uma xícara de café e uma propaganda enganosa me fizeram desconfiar de tudo o que eles anunciassem.

Viu como é fácil perder um cliente?

E sua empresa começa a crescer: quando você pára e pensa nas necessidades do cliente; quando percebe que precisa conhecer a história dele, mas que ele não precisa conhecer a sua; quando você se compromete a atender às exigências do cliente e a corresponder à sua opinião.

Somente importa o que a clientela quer e como atender a suas expectativas.

LISTA DE VERIFICAÇÃO

- Você reserva tempo para escutar o cliente?
- Não julgue o cliente antes de passar algum tempo com ele.
- Você prioriza sua agenda ou a agenda do cliente?
- Você escuta o que o cliente diz?
- As oportunidades de crescimento da sua empresa estão aí. É preciso apenas que você escute o que diz o cliente.
- Você oferece ao cliente aquele "algo mais"?
- Lembre: o cliente compra movido pela emoção. Não o trate com impaciência ou pouco caso.
- Cuide para que seus produtos estejam à altura da opinião que o cliente faz de sua empresa.

CAPÍTULO 5

OS TRÊS COMPONENTES MAIS IMPORTANTES DE QUALQUER EMPRESA: (1) SERVIÇO; (2) SERVIÇO; (3) SERVIÇO

NESTE CAPÍTULO

■ Sugestões de bom serviço prestado ao cliente ■ Indicações de mau atendimento

Capítulo 5 – Os três componentes mais importantes de qualquer empresa: (1) serviço; (2) serviço; (3) serviço

Tenho de confessar: este é o meu capítulo preferido. Se você perguntar a qualquer um que me conheça, vai ouvir dizer que sou um maníaco pelo serviço prestado ao cliente. Não quero, porém, fazer você pensar que este capítulo seja igual ao anterior. Enquanto o anterior trata da compreensão dos desejos do cliente e do que o deixa satisfeito, este aborda as maneiras de deixá-lo ainda mais satisfeito do que ele esperava. E, mais uma vez, a custo zero.

A arte de servir é o melhor caminho para o crescimento da empresa e o sucesso contínuo. No entanto, muitos empresários a ignoram. E trata-se de uma arte, de fato. Procure pensar na última vez em que alguém fez um esforço extra para satisfazer você, sem se importar se iria comprar ou não, e vai entender por que chamo o serviço de arte.

Quando comecei a lidar com comércio, lá pelos meus 16 anos, havia um ditado que talvez você já tenha ouvido: "Se uma pessoa for bem atendida, ela vai contar a outra, mas, se for mal atendida, ela vai contar a dez pessoas." Sabe o que penso? Que a situação se inverteu atualmente.

Se você recebe um mau atendimento, não sai por aí a contar para dez pessoas, porque elas provavelmente também receberam sua cota do que parece ser a norma hoje em dia. Muita gente já sai de casa com a expectativa de ser mal atendida.

No entanto, quando você recebe um bom atendimento, vai contar para dez pessoas, pela raridade da situação – pela satisfação de compartilhar a boa-nova com quem quiser ouvir (isso combina com o que eu disse antes, a respeito de usar o cliente para aumentar os negócios).

A relação entre serviço e padrões de compra é extremamente sólida, portanto. Um bom serviço é facílimo de controlar e funciona como caminho para o crescimento bem mais rapidamente que o tempo que você leva para perguntar: "Posso ajudar?"

Servir muito bem ao cliente é a maneira mais fácil e mais barata de fazer os negócios crescerem. Então, por que tantos falham nesse aspecto? Acredito que haja duas razões:

- Alguns empresários são preguiçosos. Consideram "suficientemente bons" os produtos ou serviços que vendem. Não conseguem (ou não querem) compreender por que precisam oferecer mais. A preguiça é a pior inimiga dos sonhos. Assim como na preparação de um atleta para a competição, é o esforço extra que garante o prêmio.
- Os próprios empresários sentem na pele o que é um mau atendimento quando assumem o papel de clientes – daí acharem que essa é a "norma". Então, por que fazer mais que os outros?

Nunca consegui entender esse tipo de desculpa. Foram experiências pessoais que me decidiram a prestar um excelente serviço, destacando-me da multidão. Meus amigos sabem como detesto um mau atendimento, e muitos chegam a ter medo dos meus comentários, quando saímos juntos para fazer compras ou ir a um restaurante.

Se você possui um restaurante, vou lhe dar um conselho para começar agora mesmo a ganhar mais dinheiro. Há algum tempo, fui jantar com minha mulher e alguns amigos em um restaurante próximo. Não consigo entender a deficiência do serviço de certas casas: às vezes, lento; às vezes, rápido demais.

Frequentemente me irrita a demora entre o momento em que nos sentamos à mesa e a chegada da comida. Esse foi o início das minhas reclamações naquela noite. Minha teoria (muito simples) é que, se for servida a bebida aos clientes logo depois do pedido, eles vão beber e pedir outra, levando você a ganhar mais dinheiro (eu disse que era simples). E existem os restaurantes que pecam pelo excesso de rapidez. Você mal acabou de engolir a última porção, e lá vem a conta! Assim que nos acomodamos no restaurante, comentei o quanto me incomoda a questão do excesso ou da falta de agilidade no atendimento. Devo ter falado tanto que um amigo sugeriu: se eu estava tão aborrecido e queria melhorar o processo de serviço ao cliente, deveria criar um site. Foi o que fiz! Criei o whinger.com.au.

O conceito do whinger.com.au era tornar disponível um local onde qualquer um pudesse fazer uma reclamação de mau atendimento. Bastava entrar no site e relatar o fato.

As empresas foram separadas conforme a área de atuação. Uma vez apresentada a reclamação, eu fazia contato com a empresa citada ou enviava alguém da equipe. Pode-se dizer que 99% dos contatados agradeceram pelo feedback. Nunca adotamos uma postura agressiva, pois sabemos como alguns clientes podem ser impertinentes.

O site atendia a dois objetivos: assistir o cliente, encontrando solução para o problema, e assistir a empresa, conservando o cliente. Sugeríamos que a empresa oferecesse um pouco mais, na próxima oportunidade, e tudo costumava acabar bem.

O restante das empresas contatadas, 1%, respondia com ameaças, o que confirma a razão pela qual foram apontadas.

No cômputo geral, o site foi um tremendo sucesso – tanto que tivemos de encerrá-lo depois de apenas três semanas de atividade (não por falta de interesse, mas pela razão contrária). Foram mais de 120 mil visitas por semana, o que o inviabilizou com os recursos de que dispúnhamos.

Essa experiência comprova que o público em geral não gosta de ser mal atendido e, se você souber administrar com inteligência, vai perceber onde há lacunas de serviço no mercado. O primeiro que descobrir isso vai se beneficiar – e muito.

Fazer algo que os outros não fazem? Sim! Sei que pode parecer fácil demais, mas é exatamente como você se destaca do todo. E o setor de serviço ao cliente é um ótimo meio de se separar da concorrência.

Talvez, alguns leitores estejam sem saber o que fazer, achando tudo muito difícil. Para facilitar, organizei duas listas bem práticas, uma com exemplos de boa prestação de serviços ao cliente; outra com indicações de mau atendimento. Talvez, você considere as ideias simplistas demais. É isso mesmo! Não existe novidade alguma no serviço prestado ao cliente. São as coisas simples, básicas, que fazem a diferença.

SUGESTÕES DE BOM SERVIÇO PRESTADO AO CLIENTE

- Cumprimente todos os que entrarem em sua empresa.
- Lembre os nomes das pessoas e os motivos pelos quais estiveram na empresa anteriormente.
- Ofereça algo mais, quer a pessoa gaste dinheiro ou não.
- Dedique o tempo que for necessário a cada cliente.
- Nunca presuma que o cliente sabe tudo acerca do que você faz.
- Saiba mais sobre seus negócios do que o cliente (o segredo é conhecer o produto).
- Compreenda que o cliente possui necessidades que deseja ver satisfeitas.
- Agregue valor a todas as experiências do cliente com a sua empresa.
- Nunca espere a confiança do cliente, a menos que você já tenha demonstrado merecer.
- Nunca discuta com o cliente.
- Nunca humilhe o cliente diante de quem quer que seja (ainda que ele não esteja presente).
- Não trate todos os clientes da mesma maneira. Cada um deles quer se sentir especial para a empresa.
- Sorria – é um sinal de consideração.
- Treine sua equipe para agir com paixão igual à sua no trato com o cliente.

- Atenda o telefone o mais prontamente que puder e nunca deixe quem quer que seja esperando do outro lado da linha por longos períodos.
- Nunca force o cliente a comprar. Se ele comprar sob pressão e se arrepender da compra, você jamais voltará a vê-lo. Sempre é preferível vender menos.
- Faça questão de manter, na linha de frente, pessoal que goste muito de contato com gente.
- Trate os clientes como gostaria que tratassem você.
- Se alguém deixar recado pedindo que você telefone, não deixe de fazê-lo.

INDICAÇÕES DE MAU ATENDIMENTO

- Dar um telefonema pessoal enquanto o cliente espera.
- Não se importar se o cliente vai voltar.
- Não conhecer o produto que vende.
- Não dar atenção às necessidades do cliente.
- Não abrir a empresa na hora marcada.
- Não atender o telefone com um nível de profissionalismo.
- Não cumprir o que promete.
- Discutir com o cliente.
- Fazer o cliente se sentir como se estivesse atrapalhando seu dia de trabalho.
- Não notar a presença do cliente.
- Permitir que os funcionários conversem entre si, em vez de dar atenção ao cliente.
- Deixar as instalações da empresa em tal desarrumação que dê a impressão de terem sido atingidas por uma bomba.
- Deixar os banheiros sujos.
- Decidir se o cliente "merece" ou não sua atenção com base na aparência.
- Considerar o cliente apenas um símbolo do dinheiro.

Embora dessas listas constem apenas pontos básicos, você se surpreenderia ao saber quantos empresários os esquecem e acabam tendo de lutar para atrair a atenção da clientela.

No capítulo anterior, falei ligeiramente do meu conceito de "produto versus opinião". Quero mostrar como funciona, usando como exemplo uma experiência de atendimento ao cliente que tive há pouco tempo.

Grandes empresas gastam rios de dinheiro tentando nos fazer entrar em suas lojas ou usar seus produtos. Na verdade, investem na tentativa de mudar nossos hábitos de compra.

Recentemente, eu assistia à televisão, quando entrou no ar um anúncio de uma cadeia de postos de gasolina. A mensagem consistia em dizer como o usuário era bem atendido e como uma visita ao posto seria agradável, inesquecível mesmo. Enfatizava-se, ainda, o interesse dos funcionários em ir além, criando uma experiência prazerosa.

No dia seguinte, com o tanque do carro quase vazio, vi um posto de gasolina pertencente à cadeia cujo anúncio me chamara a atenção.

Entrei e enchi o tanque. Quando fui pagar, encontrei o atendente ao telefone, de costas para o balcão. Depois de esperar alguns minutos, procurei fazer barulho, para que ele percebesse minha presença.

Ele me deu uma rápida olhada e continuou a conversa. Pela sua postura, via-se que não se tratava de um telefonema de trabalho. Na verdade, ele planejava um fim de semana com os amigos.

Delicadamente, eu disse "com licença", em nova tentativa de atrair sua atenção. Ele se virou e disse que me atenderia em um minuto. Esperei, esperei... e perdi a paciência. Quando tornei a dizer "com licença", ele respondeu se eu não via que ele estava ao telefone?

Eu disse que sim, que estava vendo, mas que tinha pressa. Só queria pagar e ir embora. Ele então pediu à pessoa do outro lado da linha que esperasse, pois tinha diante dele "um cliente grosseiro e impaciente".

Enquanto o atendente processava a venda, eu pensava em seu último comentário, e me senti no dever cívico (ou seja, eu estava a ponto de dizer uns desaforos) de lhe ensinar certos fatos.

Perguntei se ele havia visto na televisão a campanha da rede de postos na qual trabalhava e ele me disse que não tinha visto e que não sabia o que aquilo tinha a ver com eles.

Expliquei-lhe, então, o conceito do anúncio, e ele me disse que não tinha sido contratado para aquilo e que não tinha de ficar andando atrás dos clientes. E que sua função era receber o dinheiro de quem comprou alguma coisa e ir para casa no fim do expediente.

Voltei para o carro atônito. O sujeito estava no lugar errado. Decidi ligar para a empresa em questão (o que sempre faço) e relatar o acontecido. Falei com o serviço de atendimento ao cliente (um adendo: já reparou como o serviço de atendimento ao cliente de muitas grandes empresas na verdade não presta atendimento algum?). A resposta que ouvi foi:

"Ainda não informamos os postos sobre a nova campanha."

Fiquei surpreso. Fora lançada uma grande promoção de uma empresa que ainda não havia informado ao pessoal da linha de frente sobre o que era prometido ao cliente desavisado – serviço excelente e experiências memoráveis! Pelo menos em uma coisa eles acertaram: vou lembrar para sempre aquele dia.

Aquela empresa gastou um bom dinheiro para me convencer de que se preocupa comigo. A experiência vivida por mim mostra que o dinheiro poderia ter sido empregado em outro setor, com melhores resultados.

Quantos adotam a linha "nós cuidamos do cliente"? Se você é um deles, faça questão de cuidar, mesmo porque, no dia em que você deixar de cuidar do cliente e de servi-lo como está acostumado, ele vai embora. Manter a lealdade do cliente é tão fácil quanto atendê-lo de modo que não tenha vontade de procurar outra empresa. E não custa um centavo.

Servir ao cliente não é satisfazer suas necessidades, é ir além! O cliente precisa saber que paga pelo que compra, mas a parte do serviço é grátis. E, se o serviço for bom, será um presente e tanto!

Sou um daqueles que se empolgam pela compra quando ela vem com um brinde. Agora, imagine como se sente a pessoa que, a cada vez que entra em sua empresa, recebe como brinde um excelente atendimento.

Quero contar duas experiências recentes e seus desfechos: um ruim para mim e para a outra parte; outro bom para ambas as partes. Espero que, quando você acabar de ler o próximo trecho, perceba como é fácil cuidar bem do cliente.

Como sou convidado a dar palestras em toda a Austrália e em outros países, viajo muito. Às vezes, são duas palestras no mesmo dia, em estados diferentes. Assim, preciso economizar o máximo de tempo.

Para agilizar (pelo menos teoricamente) minha saída do aeroporto, contratei um serviço de manobristas particulares. Pois, mesmo assim, nas últimas seis ou sete vezes em que desembarquei, fui obrigado a esperar ou a ir eu mesmo buscar o carro, a uns 200 metros. Vou explicar melhor, para que você não pense que estou reclamando por bobagem.

Contratei um serviço que me permitiria deixar o carro em determinado lugar e, na volta, recebê-lo no mesmo lugar. Paguei mais por isso. Quando uso esse tipo de serviço em outros aeroportos, é assim que funciona. Então, deveria ser assim aqui também.

Um dia, cansei de perder tempo e resolvi estacionar em outro lugar. Quando usei aquele serviço pela última vez, recebi um pedido de "uma avaliação do recurso que eu tanto utilizava". Sendo como sou, eu não poderia deixar escapar a oportunidade. Contei tudo. Dizer que não deram importância é pouco. Perguntaram se eu pretendia receber um tratamento diferenciado. Respondi com firmeza que não, que só queria receber pelo que

Capítulo 5 – Os três componentes mais importantes de qualquer empresa: (1) serviço; (2) serviço; (3) serviço

paguei. Encerrando o assunto, eles me aconselharam a ter expectativas mais realistas.

Eu não esperava nada de extraordinário: apenas receber o atendimento-padrão de todos os outros locais onde eu contratava o mesmo tipo de serviço. Se você oferecer a seus clientes algo especial, cuide para que seja mesmo especial, ou estará criando um modo de afastá-los.

Na oportunidade seguinte, usei outro serviço de valete. Sabe o que aconteceu? Encontrei uma empresa que compreende o verdadeiro sentido do produto que oferece. Perguntado se era a primeira vez que utilizava seus serviços, respondi que sim e contei minha experiência anterior. Fiquei sabendo, então, que não era o primeiro; inúmeros ex-clientes da outra empresa, tão decepcionados quanto eu, tinham saído de lá e migrado para aquela.

O que eles fizeram foi simplesmente atender às expectativas do consumidor. Bem fácil, não?

Agora, vou relatar uma experiência positiva, que confirma a possibilidade de incrementar os negócios e aumentar o retorno. Quer saber como? É fácil, como eu já disse. Cuide do cliente, tratando-o como se fosse único.

Há algum tempo, fui com minha mulher fazer compras em Castle Hill. Já que Vanessa costuma passar horas em cada loja, decidi dar uma volta sozinho e me vi diante da joalheria St. Germain.

De vez em quando, gosto de surpreendê-la com pequenos presentes, e a vitrine me atraiu, com belos anéis e cordões. Entrei, para examinar melhor os artigos. John, o proprietário, veio me atender. Avisei que estava só olhando, que não pretendia comprar. Ainda assim, ele disse que teria prazer em me mostrar o que eu quisesse ver. Depois de uns vinte minutos, confirmei que realmente não faria compra alguma, pois os anéis que mais me agradaram estavam um pouco acima do que me dispunha a gastar no momento.

Para John, isso não representava problema. Ele me entregou seu cartão e me convidou a voltar sempre que quisesse. Devo dizer que deixei a loja sem me sentir pressionado e satisfeito com a experiência.

Cheguei a entrar em outras joalherias e a ver outros anéis, mas a diferença de atendimento foi incrível.

Depois do meu tour pelas joalherias, estava convencido de uma coisa: iria voltar à St. Germain. Ao entrar, logo ouvi John dizer: "Olá de novo, Justin!" Ele se lembrara do meu nome. Isso significa muito para o cliente. Eu me sentei, negociamos e acabei comprando um anel, para alegria de Vanessa.

Voltei lá inúmeras vezes para comprar joias. Ele me conquistou em um encontro fortuito, quando me tratou como se eu fosse a pessoa mais importante do mundo, quer fosse ou não comprar alguma coisa. Ele foi além, em uma atitude que se mostrou uma grande decisão financeira. Desde então, recomendo John a quem quer que me peça a indicação de uma boa joalheria, fazendo com isso seus negócios prosperarem.

Você tomou conhecimento de duas experiências pelas quais passei. A empresa que oferece serviço de valete me perdeu como cliente, por falta de cuidado; John aumentou suas vendas por ter oferecido mais do que eu esperava.

O que você faz pelos seus clientes a cada dia?

Somente o bastante ou mais do que o bastante?

Você é quem tem essas respostas. Lembre-se, porém, de que, às vezes, a oportunidade de conquistar um novo cliente é única. Por isso aproveite-a ao máximo.

A melhor maneira de oferecer um bom serviço é se imaginar no lugar do consumidor. Eu me vejo diariamente diante de exemplos de mau atendimento. Se for esse o caso, cuide para que sua empresa seja bem administrada e que sua clientela seja tratada como você gostaria de ser. Não custa nada manter o cliente satisfeito e proporcionar a ele um bom atendimento. E os benefícios são enormes.

LISTA DE VERIFICAÇÃO

- Se alguém perguntar a um cliente seu sobre o serviço oferecido pela sua empresa, ele vai falar bem ou mal de você?
- Você instalou um sistema para avaliar a satisfação da clientela?
- Sua equipe conhece e entende sua opinião acerca do atendimento ao cliente?
- Não considere os compradores como milagres eventuais. Fazer uma venda é bom, mas repeti-la é muito melhor.
- Escute o cliente. Ele vai dizer se você precisa melhorar o serviço.
- Você atende às necessidades do cliente ou vai além?

CAPÍTULO **6**

DE OLHO NAS DESPESAS, TODAS AS SEMANAS

CAPÍTULO 6 – DE OLHO NAS DESPESAS, TODAS AS SEMANAS

odo empresário precisa ter em mente dois pontos simples. O crescimento da empresa se faz de duas maneiras: aumento da receita e redução das despesas. Esta última, é claro, a custo zero.

Quando se trata de melhorar o resultado final, muitos empresários pensam que basta incrementar as vendas. Realmente, vendas extras são importantes, mas não são elas somente que garantem o sucesso.

Um dos meios mais eficazes de melhorar os lucros é prestar atenção nas despesas. Quais são suas despesas semanais? Quantas são, de fato, necessárias?

Conheço muita gente que só se preocupa com as despesas uma vez por ano, na época da declaração do Imposto de Renda, quando o contador mostra os lucros e perdas – ou o balancete – e explica as razões dos resultados.

Na maior parte do tempo, há despesas exageradas. As compras fogem ao controle, no entanto, se monitoradas, teriam economizado recursos que, no fim do ano, estariam no seu bolso.

É preciso voltar ao básico.

Acontece com qualquer um: ficamos tão envolvidos com a tarefas do dia a dia que perdemos de vista o panorama geral. E o panorama é ganhar dinheiro. Normalmente, é por isso que entramos no mundo dos negócios.

Neste capítulo, pretendo apontar algumas áreas em que as despesas podem se acumular e sugerir maneiras de mantê-las sob controle. Gastos desnecessários podem impedir a realização das metas financeiras que você estabeleceu inicialmente.

Sei muito bem como é importante manter as despesas sob controle. Com um capital inicial de apenas 50 dólares, a Attitude Inc® já começou com problemas de fluxo de caixa. O que fiz foi verificar lucros e perdas no fim de cada semana.

Quando se inicia um negócio com 50 dólares, sempre se tem problema de fluxo de caixa, qualquer que seja o retorno obtido, pois,

69

para dobrar esse retorno, é preciso lançar mão do dinheiro que acabou de entrar. Eu precisava monitorar minhas despesas com muito cuidado. Tinha de descobrir onde cortar, para acrescentar um tantinho ao resultado final.

Sei que muitos leitores acreditam ser suficiente verificar as despesas no fim do mês. Meu objetivo é alcançar aqueles que lutam para manter a cabeça fora da água, fazendo-os concentrar-se mais no corte de custos que no afã de ganhar dinheiro. Se você dominar a primeira parte e depois acrescentar a segunda, o seu resultado final vai melhorar drasticamente.

Na primeira vez em que você examinar as suas despesas, garanto que vai se surpreender com algumas áreas que, trabalhadas e enxugadas, podem fazer grande diferença no seu bolso, no fim do ano.

Primeiro, quero comentar o fato de muitos pequenos empresários ainda não terem aderido a um software de contabilidade. Isso me choca, pois é muito mais complicado fazer cálculos à moda antiga, em papel.

A primeira providência é conseguir um bom pacote de software de contabilidade. Assim, com um simples clique a cada semana, é possível verificar lucros e perdas – a informação surge diante de você – desde que tenha entrado com todos os dados, é claro.

Uma área que tem impacto direto sobre o resultado final são os preços dos fornecedores. Você se surpreenderia se eu lhe dissesse quantos trabalham com o mesmo fornecedor e pagam os mesmos preços, ano após ano.

Se você trabalha com um fornecedor principal, vá até ele e negocie preços melhores. Ainda que a redução seja pequena, vai fazer diferença no fim de um ano. O fato de ter conseguido "o melhor preço" tempos atrás não impede uma posterior renegociação, em especial se você compra muito. Os fornecedores, assim como você, querem fazer negócios, e nada melhor para isso que um cliente regular. É nesse fato que reside o seu poder. Se forem bons negociantes, eles não vão querer perder o cliente, o que pode significar melhores preços para você.

Nos meus tempos de Attitude Inc®, comprávamos muitas camisetas de um determinado fabricante. De saída, avisei que queria o melhor preço possível, e eles me fizeram uma proposta satisfatória.

Sabe-se que, na maior parte das ocasiões, quanto maior o volume, maior o seu poder de compra. O problema com aquele fabricante era a exigência de um grande pedido, para obter preços melhores. Iniciante nos negócios, eu não dispunha de capital para comprar a quantidade de mercadoria especificada por eles, de modo que fizesse jus ao desconto. Assim, tive de aceitar o preço original.

No fim de um ano, calculei quantas camisetas havia comprado. O resultado foi um número correspondente ao dobro do que eles queriam que eu encomendasse para receber o desconto. Então, marquei um encontro com o proprietário da fábrica e expus o caso. Mostrei quantas camisetas havia comprado em um ano e pedi desconto. Ele concordou desde que eu pedisse todas de uma vez.

Novamente, expliquei as dificuldades de um pequeno empresário, para pagar e estocar uma encomenda grande.

Segundo ele, nada poderia ser feito. Então, arrisquei: disse que estava disposto a procurar outro fornecedor que percebesse o que eu representava em matéria de compras e me oferecesse preços melhores.

Não é exagero dizer que o homem começou a suar. Ele logo mudou o discurso, dizendo que haveríamos de encontrar uma solução favorável a ambos os lados. Veja: ele precisava mais de mim do que eu dele. Não faltam fabricantes de camisetas, e ele sabia disso. Meu poder de compra tinha valor. O seu também tem.

Renegocie com os fornecedores. Quer você economize muito ou pouco, sempre faz diferença no final.

Outra área em que é possível economizar são os pagamentos. Alguns fornecedores dão desconto quando se paga antes do prazo.

Embora o prazo-padrão para pagamento seja de trinta dias, quem sabe você consegue uma redução no preço se pagar em sete dias? Em uma fatura equivalente a 2 mil dólares, por exemplo, o desconto seria de 100 dólares, que iriam para o seu bolso. Junte este aos outros descontos e vai sentir a diferença na economia e no crescimento.

Tudo se resume a trabalhar com inteligência. É comum ouvirmos falar em "trabalhar menos e melhor", mas quantos fazem isso realmente? É fácil trabalhar com inteligência; tão fácil que os métodos mais simples costumam ser os mais eficazes.

Quando o cliente adianta o pagamento, isso também pode funcionar a seu favor. Ofereça um desconto para quem pagar em uma ou duas semanas e vai se surpreender com a quantidade de compradores que aceitarão a oferta.

Talvez, alguns pensem estar incorrendo em prejuízo ao abrir mão de determinada porcentagem, mas não é bem assim.

Vou explicar. Infelizmente, parece que, quanto menor a sua empresa, mais algumas pessoas demoram para pagar o que lhe devem.

E quanto você acha que custa andar atrás dos clientes, cobrando? São gastos com funcionários, os custos de seu tempo e da fatura pendente. Tudo isso somado pode ultrapassar os 5% oferecidos como desconto para a antecipação do pagamento.

A oferta de um desconto não é uma decisão individual. É preciso entender o cliente e saber operar, de modo que seja preservado o fluxo de caixa.

O capital "manda" nos negócios. Quando você precisa adotar medidas para receber uma fatura, começa a gastar por conta do lucro que teria com a venda.

Aprendi isso a duras penas. Já fui uma alma inocente, que esperava ver todos pagarem no prazo as mercadorias que encomendaram e compraram. Infelizmente, nem sempre foi assim. Alguns clientes me usavam como "banco". Eu era o último a receber, ainda que minhas mercadorias estivessem totalmente vendidas em suas lojas. Correr atrás dos maus pagadores é uma tarefa que custa muito tempo e dinheiro.

Decidi fazer o seguinte:

1. Estipular uma taxa de cancelamento para o caso de o varejista desistir do pedido. Assim, os custos ficavam cobertos.
2. Cuidar para que todo cliente assinasse um formulário de solicitação de crédito. Assim, eu me tornava um credor garantido.
3. Oferecer um desconto pela antecipação do pagamento. Isso funcionava muito bem, pois eu mostrava a possibilidade ao cliente como vantagem.

Você vai ter de administrar bem todas as alterações que fizer no seu modelo de negócios – sempre lembrando que o cliente não é tão financeiramente ligado à empresa quanto você. É tarefa sua cuidar para que paguem o que você vendeu.

Já falei de Trish Freeman, dona de uma academia de ginástica chamada Oxigen: Mind & Body Fitness. Trish faz parte dos clientes a quem dou consultoria semanalmente.

Os negócios de Trish cresciam, assim como suas despesas. Eu me dispus a reduzir os gastos, de modo que os negócios e os lucros aumentassem no mesmo ritmo. Quando comecei, ouvi dos funcionários – não de Trish – que não havia como economizar, já que tudo tinha sido estudado. Fiquei pensando se aquilo seria verdade.

Primeiro, examinei as despesas com pessoal. Eram altas realmente. Ela precisava de gente para atender os clientes, claro, mas parecia haver funcionários demais, muitos deles aparentemente desnecessários e com salários acima da média. Nós nos reunimos e chegamos à conclusão de que pelo menos três funções poderiam ser reestruturadas, o que significaria para Trish uma economia anual de

160 mil dólares. Essa foi a impressão depois de um dia de observação. Em seguida, passei a examinar as despesas de todos os setores, um por um.

A troca por uma operadora mais vantajosa reduziu os gastos com telefone. Havia despesas altíssimas com fotocópias, pois algumas pessoas usavam a máquina exageradamente, como se estivesse lá à disposição delas.

E havia ainda as tarifas bancárias. Como Trish passou a aceitar pagamentos com cartões de crédito, procuramos o banco e conseguimos reduzir as taxas em 1,9%, o que representa milhares de dólares no fim de um ano.

Enquanto examinávamos essa área, notei que os clientes antigos de Trish, em sua maioria, tinham seus pagamentos mensais em débito automático. A empresa que administrava essa movimentação, representando a academia de Trish, cobrava uma taxa pesada sobre o serviço. Em busca de uma solução melhor, encontrei uma empresa que oferecia o mesmo serviço, mas com uma estrutura de cobrança completamente diferente. A troca valeu a Trish uma economia de mais de 6,5 mil dólares por mês – mais de 78 mil dólares por ano. Assim, tínhamos acrescentado mais de 245 mil dólares ao resultado final, depois de apenas dois dias de trabalho.

Qual foi a última vez em que você examinou suas despesas?

É muito fácil presumir ter conseguido os melhores negócios possíveis e deixar as coisas como estão. É preciso examinar regularmente essa área para não perder de vista a trajetória da empresa.

Outro setor a examinar é a contabilidade. A necessidade de um bom contador foi outra lição que aprendi a duras penas quando iniciei meus negócios. Eu pensava que um contador fosse um contador – que todos trabalhassem do mesmo modo. Estaria enganado?

Meu primeiro contador organizou para a empresa uma estrutura totalmente errada, que me fez gastar um bocado de dinheiro para consertar. E ele também não tinha experiência no setor em que eu atuava. Isso tornou realmente difícil nossa convivência. Acabei tendo de trocar de contador.

Fui procurar um profissional que compreendesse o ambiente no qual eu operava. Acabei marcando uma entrevista com Kevin Cranfield, sócio da Pitcher Partners, uma firma de contabilidade. Ele conhecia bem o setor, os problemas que eu enfrentaria e a estrutura necessária. Ao mesmo tempo, estava a par do meu crescimento e organizou os negócios de modo que tudo funcionasse a contento. Sem dúvida, vale a pena procurar um bom contador.

Sei que alguns leitores podem estar pensando que este livro trata de fazer os negócios prosperarem sem gastar um centavo. E que contadores cobram por seus serviços.

Sim, faz sentido. Um bom contador, porém, é uma fonte potencial de economia durante o processo. No fim, a despesa compensa.

Outro erro cometido por muitos empresários é a compra do que querem, e não do que necessitam. A diferença é enorme. Quanta gente cerca os negócios de "efeitos especiais"! Mas será que eles realmente "chamam" dinheiro? Ou simplesmente atendem ao gosto dos donos?

Não pretendo com isso aconselhar você a administrar seus negócios com base apenas no essencial; quero simplesmente que avalie suas despesas. Será que empregou seu dinheiro em aplicações que não rendem? Será que, por exemplo, luta para cobrir as despesas do dia a dia, enquanto se senta em uma cadeira de escritório desnecessariamente cara? Vou repetir: é o cuidado com o básico que faz de sua empresa um sucesso.

Tudo fica muito mais fácil quando enquadramos as compras em uma de duas categorias. Antes de qualquer compra, pergunte-se: É só uma questão de gosto? Preciso realmente disto? Quando se trata de necessidade, a resposta é facílima. No entanto, se for uma questão de gosto, será preciso examinar as consequências da compra sobre o fluxo de caixa pelos meses seguintes. A compra que se enquadra na categoria "eu quero" pode ser aquela que vai atrapalhar seu crescimento no futuro próximo. Quando entrei no mundo dos negócios, havia muitas coisas que queria ter. Felizmente, porém, estava cercado de gente que me fez ver a diferença entre "querer" e "precisar".

A necessidade de cuidar dos custos é ainda mais importante quando se abre uma empresa com pouco ou nenhum capital. Quando praticamente não existe receita, o objetivo deve ser "esticar" o dinheiro ao máximo até que o trabalho árduo e os esforços deem frutos. Minha regra de ouro é: toda empresa iniciante deve evitar gastos desnecessários. Com um orçamento limitado, você precisa alocar recursos somente nas despesas que sirvam para aumentar a receita.

Muitas empresas fracassam por se expandirem além dos limites: alugam espaços amplos demais em escritórios e depósitos; compram o melhor dos melhores equipamentos, enquanto o padrão serviria perfeitamente; contratam um número excessivo de funcionários na esperança de que os negócios progridam na mesma proporção; investem pesadamente em propaganda ou anunciam sem que os produtos estejam disponíveis; ou tentam crescer depressa, antes de estarem realmente prontas.

É preciso manter os gastos sob controle ou eles escapam, fazendo com que você um dia se veja diante de sua mesa de trabalho, coçando a cabeça, sem a menor ideia do que fez de errado.

Todos devemos adotar a atitude "só gasto quando necessário". Se pensa em abrir um negócio ou entrou no mercado recentemente, pense bem nos investimentos a fazer com a instalação. Você está gastando porque acha que os clientes vão gostar do ambiente ou porque sabe que facilita as vendas?

Uma armadilha perigosa para muitos empresários é querer passar à frente dos concorrentes. Vejo isso em toda parte, e eu mesmo quase caí. Quando comecei, queria ter o melhor depósito, o melhor transporte e anúncios de página inteira, como meio de alcançar um alto nível de sucesso. No entanto, logo percebi que tudo aquilo só seria bom quando e se eu pudesse bancar. Até lá, o que tinha a fazer era operar com suficiente conforto.

Muitos empresários acabam trabalhando para a empresa, pois tudo o que fazem é tentar manter a cabeça fora da água. Com isso, não lhes sobra tempo para outras atividades e as perdas são muitas quando as coisas se afastam um pouquinho do centro.

Na verdade, que importância tem o que os outros possuem? Estou certo de que você não entrou no mundo dos negócios só para não ficar por baixo.

Portanto volte aos motivos que o levaram a abrir uma empresa. Nunca os perca de vista e, sempre que estiver prestes a fazer uma nova aquisição, pense: Esta compra me aproxima ou me afasta dos meus objetivos iniciais? Somente você sabe a resposta.

LISTA DE VERIFICAÇÃO

- Com que frequência você avalia suas despesas?
- Preste atenção à diferença entre desejo e necessidade.
- Quando foi a última vez em que renegociou preços com os fornecedores?
- Você está sempre em busca de um negócio mais vantajoso?
- Qual é o prazo médio em que seus clientes efetuam os pagamentos?
- Você sabe quanto custa receber de um mau pagador?

CAPÍTULO 7

ALIANÇAS ESTRATÉGICAS TÊM CUSTO ZERO

ma das histórias interessantes do início da Attitude Inc® foi quando disse a um fornecedor que queria fazer uma "aliança estratégica" com ele. O aspecto interessante é que eu não tinha a menor ideia do que significava uma aliança estratégica. Ouvira o termo na véspera, em um programa de negócios apresentado na televisão, e resolvi usar.

Depois de muitos anos no mercado, sei da vantagem que parcerias e alianças estratégicas representam para o crescimento da empresa. Alianças estratégicas são isso mesmo: estratégicas – relacionamentos construídos, e não apenas "uma boa ideia em determinado momento".

Isso não quer dizer que você deva se aliar a qualquer um. A formação de uma aliança estratégica tem de ser muito bem pensada, para que não tenha efeitos negativos ou afaste você do caminho que pretende trilhar.

Abrir uma empresa pode ser uma tarefa assustadora – não apenas pelo aspecto financeiro, mas também porque o iniciante desconhece o que sabe e o que não sabe. O que pretendo dizer com isso é: ninguém sabe exatamente o que é necessário para entrar no mundo dos negócios. Embora muitos cuidem para que tudo esteja equacionado e sob controle, o fato é que não há como estar inteiramente preparado, já que cada empreendimento tem suas características.

Por isso aliar-se a alguém do ramo, com uma história de sucesso, pode ser boa opção.

Essa solução não se aplica a todos que queiram abrir um negócio próprio, pois muitos preferem agir sozinhos. A aliança estratégica pode ser formada mais tarde; não existem regras rígidas.

Neste capítulo, quero mostrar como, às vezes, alguns detalhes e pequenas alianças fazem uma grande diferença, e como alianças mais complexas – o licenciamento de produtos, por exemplo – podem exercer um forte impacto sobre o resultado final.

Bill, um bom amigo meu, foi durante anos dono de um centro recreativo instalado na comunidade local, que atendia diariamente a muitos e variados frequentadores. A espinha dorsal de seus negócios era a habilidade que Bill possuía de estabelecer conexão com os clientes. Claro que ele oferecia excelente serviço e contava com uma ótima equipe, mas compreendia a necessidade de manter o cliente satisfeito, por mais difícil que seja.

Bill queria ver os negócios prosperarem não somente pelos equipamentos adquiridos, mas pelos novos clientes conquistados. Durante alguns meses, nós nos reunimos regularmente para tomar café e discutir como conseguir isso.

Meu objetivo era convencer Bill de que, se quisesse melhores equipamentos para o centro, deveria pagar pelo privilégio. Acima de tudo, ele pretendia aumentar o número de frequentadores. Então, mostrei que, se fizesse propaganda – a solução adotada pela maioria dos empresários para atrair novos clientes –, teria de estar preparado para meter a mão no bolso duas vezes: uma para pagar o novo equipamento e outra para comprar espaço no jornal local. Como essa não seria uma solução acertada, ficou decidido que Bill pagaria uma coisa ou outra.

Então, como ninguém ofereceria equipamentos a ele gratuitamente, resolvemos trabalhar a outra área: atrair novos clientes. Um ponto importante era o fato de Bill ser bastante conhecido na vizinhança e estabelecer contatos com facilidade. Em um raio de 10 quilômetros, praticamente todas as pessoas o conheciam pessoalmente ou, pelo menos, tinham ouvido falar dele. Eis aí uma grande vantagem.

Pedi a Bill que organizasse uma relação de empresas que seriam beneficiadas, caso fossem procuradas pelos clientes do centro recreativo. Não queria, porém, uma lista que incluísse apenas empresas há muito estabelecidas; queria que fossem incluídas as que poderiam crescer e compartilhar clientes com ele, para que eu tivesse algo de concreto a oferecer a todas.

Algumas semanas mais tarde, Bill me ligou, dizendo que havia concluído a tarefa.

No dia seguinte, nós nos encontramos para o cafezinho de praxe e examinei a lista. Havia mais de 40 empresas que poderiam obter algum benefício de sua clientela. Era mais do que eu imaginava. Ainda que as tentativas não fossem todas bem-sucedidas, tínhamos um bom material em mãos.

Pedi a Bill que preparasse uma apresentação, apontando os potenciais benefícios para as empresas que se aliassem à dele. Aconselhei-o a ressaltar o fato de possuir mais de 2,5 mil frequentadores que poderiam se tornar também clientes dos outros empresários.

Existe aí, portanto, uma solução vantajosa para todos: Bill possuía uma vasta clientela que poderia fazer negócios com outras empresas, e essas empresas tinham uma base de clientes que poderiam engrossar os números de seu centro recreativo. O interessante foi a possibilidade de Bill ter acesso a 40 empresas com apenas uma base de clientes, oferecendo a elas a chance de novos negócios. Com 40 abordagens, ele chegaria a um mercado muito mais amplo.

Um dos primeiros empresários locais com quem ele se encontrou foi o proprietário do cinema.

O encontro correu às mil maravilhas. O empresário queria aumentar o número de espectadores e, ao colocar anúncios no centro recreativo, alcançou um mercado ao qual não tinha acesso.

Ao mesmo tempo, ofereceu a Bill espaço bem no meio do salão, para que ele afixasse um cartaz. Assim, todos que estavam na fila eram "obrigados" a ver. Bill passou a contar com um público cativo. Essa foi a primeira empresa a que ele se aliou.

A seguir, fez contato sistematicamente com todas as empresas da lista. Como o anúncio no cinema dera bons resultados, outras se convenceram de que a aliança seria benéfica para ambas as partes.

Muitos empresários se uniram a Bill, oferecendo-lhe acesso a suas bases de clientes. Ele realmente captou o princípio da aliança estratégica. Foi muito bom ver o desenvolvimento e o sucesso de uma ideia simples que tive.

Uma das melhores alianças foi a de Bill com um bar local, onde ele organizou alguns jogos na área aberta, em uma tarde de sexta-feira.

Claro que as sextas-feiras são ótimas para os bares, já que todo mundo está na expectativa do fim de semana e quer relaxar.

Bill organizou uma competição de *footy passing*, uma versão australiana do futebol, e combinou com alguns jogadores do time local para aparecerem por lá todas as semanas, criando um espaço de relaxamento e prazer. Tudo girava em torno do esporte e da diversão. A taberna passou a anunciar seus eventos no centro recreativo, e Bill afixou cartazes no pub e na boate.

Mais uma vez, os resultados foram fantásticos. Os negócios de Bill cresceram incrivelmente. Em um período de quatro meses, o número de seus clientes triplicou, e o lucro praticamente dobrou, o que lhe permitiu a compra dos novos equipamentos que tanto desejava, sem necessidade do empréstimo que tencionava fazer.

Ele afinal entendeu o que eu dissera desde o início: às vezes, duas cabeças pensam melhor que uma. Se você e o aliado possuem o mesmo público-alvo e não competem em produtos ou serviços, por que não combinar esforços para conquistar clientes? E o custo é zero.

Porém é preciso saber que, para adotar o caminho da parceria estratégica, o objetivo deve ser uma situação em que todos saiam ganhando. A última coisa que se quer ver é a sua empresa se destacar às custas de outra. Nada é pior do que isso. Se perceber que o resultado não vai ser bom para ambas as partes, caia fora e recomece.

Isso eu também aprendi a duras penas. Já escrevi sobre o assunto em Atitude 2, mas, como este capítulo trata de parcerias, de vantagens e perigos das alianças, acredito ser importante voltar a ele.

Em seu segundo ano de funcionamento, a Attitude Inc® se saía bem. As coisas começavam a acontecer: a mídia dava atenção à marca e a seu sucesso, e outras lojas se interessavam em vender nossos produtos.

Para mim, a situação não poderia ser melhor naquele momento. Para ser honesto, não comecei o negócio com grandes expectativas, assim tinha ido mais longe do que esperava.

Como gosto de esportes, decidi me aliar como patrocinador a vários esportistas. Com isso, eu cederia a eles roupas da Attitude Inc® em troca de exibirem o nome da marca em seus uniformes ou equipamentos.

Depois de alguns meses desse acordo com um determinado esportista, recebi sua visita. Conversamos por meia hora até que ele me convidou a ir ao escritório de seu irmão no dia seguinte, pois os dois tinham uma "proposta de negócios" a discutir comigo.

No dia combinado, lá fui eu. Depois de me fazerem esperar muito tempo no balcão da recepção (detesto isso), conduziram-me a uma ampla sala de reuniões.

Quiseram saber tudo a respeito da minha empresa e dos motivos pelos quais me envolvera com eles. Quer saber? A reunião não fora iniciativa minha, e eu a achava desnecessária. Em seguida, mudaram a abordagem e quiseram conhecer minha "lista de desejos". Se dinheiro não fosse uma opção, o que eu faria de maneira diferente? Pediram-me que pensasse no assunto e voltasse no dia seguinte.

Lá fui eu de novo. Mais uma vez, tive de esperar uma eternidade no balcão da recepção. Acho que a demora era mais um jogo de poder.

Assim que me acomodei, eles perguntaram pela lista. Minha resposta foi rápida. Nada havia de especial nela; somente questões financeiras e o crescimento da Attitude Inc®.

Quase no fim da reunião, disseram estar absolutamente encantados com a minha empresa, com o que ela representava e com o que poderia vir a ser. Disseram que, com a ajuda deles, ela se tornaria realidade.

Perguntaram, então, se eu consideraria a ideia de uma *joint venture* – um empreendimento conjunto. Na verdade, eu não sabia de que se tratava, mas, segundo me explicaram, eu entraria basicamente com o que tinha (eu, meu estoque e minhas ideias), e eles responderiam por serviços, pessoal, escritório, depósito, etc.

Aparentemente, tratava-se de um bom acordo para quem, como eu, lutava para manter sob controle uma empresa em rápido desenvolvimento. Eles queriam uma resposta imediata. Disseram que acordos de negócios se baseiam em confiança, portanto não havia necessidade de preocupação com os aspectos legais. A empresa contava em seus quadros com um advogado, que tinha elaborado um contrato mais vantajoso para mim do que para eles.

Sei que você está me achando um idiota. E fui mesmo. Mas acreditei estar lidando com pessoas que realmente queriam o melhor para mim. Não tinha razão para pensar de modo diferente. Trocamos apertos de mão, e eles me disseram que "em breve" receberia o contrato por escrito.

Na semana seguinte, pediram que, em vez de trabalhar na garagem da minha casa, eu me mudasse para seu escritório central e transferisse meu estoque para seu depósito. Quiseram também abrir uma conta na mesma agência bancária com a qual trabalhavam, "para manter tudo sob o mesmo teto". Foi quando as coisas começaram a ficar um tanto estranhas.

Abri a conta em meu nome, mas eles pareciam ter controle sobre a movimentação. Todas as vezes em que chegava ao escritório um pouco mais tarde, era repreendido, embora, ao que me conste, fosse meu próprio patrão. Eu jamais dera satisfações a quem quer que fosse e não pretendia começar.

Cansado de atravessar a cidade na ida e na volta, em meus deslocamentos entre a casa e o local de trabalho, resolvi transferir meu escritório para o prédio do depósito. O arranjo não agradou muito, já que ficou mais difícil para eles o monitoramento dos meus passos. Chegavam até a telefonar, para verificar se eu estava trabalhando ou não.

Até então, o tal contrato por escrito não havia chegado em minhas mãos. Eles usavam meu logotipo e minha empresa para promover seus outros produtos, e eu ainda pagava caro por seus serviços! Eu tentava levantar essas questões, mas era ignorado. Não me parecia uma situação justa, no entanto eu me sentia impotente.

Na mesma época, os representantes de uma grande companhia internacional entraram em contato comigo, querendo licenciar o nome da Attitude Inc® para alguns de seus produtos. Tendo conhecido minha história pela televisão, consideravam-me em perfeita sintonia com eles.

Conversei com meus parceiros de *joint venture*, contando apenas o que queria que soubessem (muito pouco), para que não interferissem nem me prejudicassem. Estava entrando em um grande negócio.

No curso das negociações para o licenciamento, vim a conhecer bem o gerente administrativo da empresa, o que me levou a pedir sua opinião profissional acerca do "acordo" ainda não oficializado. Ele me aconselhou a cair fora o mais depressa possível. Eu estava sendo usado. Era um acordo em que só uma das partes levava vantagem.

No dia seguinte, embalei o estoque e carreguei de volta para a garagem de casa. Logo, recebi um telefonema com ameaça de uma ação indenizatória, mas, como não havia qualquer documento assinado, eu estava relativamente coberto sob o ponto de vista legal. Eles tentaram me impedir de encerrar a conta no banco e apresentaram faturas de "serviços fornecidos" extras da ordem de 60 mil dólares, relativas a um mês.

Fiquei preocupado. Tratava-se de uma grande empresa. Eles tinham (e disseram isso) todo o dinheiro do mundo para prolongar a disputa por muito tempo e me arruinar. Queriam controlar a minha empresa. Chegaram mesmo a dizer aos clientes que eram donos dela. Eu não estava preparado para engolir tal mentira. Tive de adotar as medidas legais para salvar minha empresa daquela gente.

No fim do caso, saí vencedor e aprendi uma lição valiosa: em toda e qualquer situação, as duas partes devem ganhar.

Como vimos pela experiência de Bill, pode ser muito fácil fazer os negócios prosperarem, desde que se estabeleçam alianças com as pessoas certas. Mas, como também se vê pela minha experiência no início da vida profissional, a falta de cuidado pode ser muito dolorosa.

Ainda que alguém lhe apresente "o negócio da sua vida", examine cuidadosamente, submeta à aprovação de colegas de trabalho e advogados e se certifique de que esteja tudo em ordem antes de aceitar.

Lembre-se: se parece porcaria, se tem cheiro de porcaria, provavelmente é porcaria.

Por último, quero tratar de uma questão sobre a qual sou consultado constantemente: o licenciamento. Na Austrália, o licenciamento de produtos e de nomes de empresas ainda não é muito comum. No entanto, muitos acreditam que basta um nome "legal", e todas as grandes empresas vão querer licenciá-lo para seus produtos, pagando uma fortuna por isso. Infelizmente, não é bem assim.

A melhor possibilidade de licenciamento da sua marca acontece quando você faz sucesso.

Cerca de dois anos depois da inauguração da Attitude Inc®, eu estava sentado na garagem de casa (onde funcionava também meu escritório), pensando nos negócios, quando o telefone tocou. Na época, eu aparecia bastante na mídia, e as vendas cresciam sem parar.

A pessoa do outro lado da linha, uma representante da Philips Sound and Vision, convidava-me para uma reunião no dia seguinte, quando discutiríamos a possibilidade de licenciamento da minha marca. Respondi que teria prazer em ir.

Sou casado com uma daquelas mulheres que tem de identificar quem fala comigo ao telefone. Então, assim que desliguei,

Vanessa perguntou quem era. Ao ouvir minha explicação, ela quis saber o que era "licenciamento". Eu disse que não fazia a menor ideia, mas que iria aprender no dia seguinte.

No decorrer da longa reunião, fiquei sabendo que a Philips pretendia licenciar minha marca para uma linha de estéreos e telefones móveis. Os principais motivos do interesse eram o destaque dado pela mídia a meus produtos e o sucesso deles com o público que a empresa desejava atrair. A marca enriqueceria muito sua campanha de vendas, e eles estavam dispostos a pagar por isso.

A campanha e os produtos da Philips com a Attitude Inc® foram um grande sucesso para as duas partes, e a parceria durou três anos. Tive certa pena quando o contrato chegou ao fim, pois desenvolvi uma forte amizade por Harry van Dyk, o diretor administrativo, e aprendi muito com ele. A campanha me abriu os olhos para uma área inteiramente nova que viria a afetar meus negócios, permitindo minha aposentadoria precoce.

O êxito do acordo de licença com a Philips me mostrou ser aquela uma melhor maneira de fazer negócios. Logo contratei uma empresa de licenciamento, para entrar em contato com fabricantes e licenciar a marca Attitude Inc® para mim.

Apesar do grande interesse pelo licenciamento de roupas, decidi manter esse produto comigo enquanto fosse possível. Aquele era o meu ganha-pão – e o mais importante: a pedra angular da marca. Eu não estava preparado para entregá-lo a uma empresa que não compreendesse perfeitamente o significado da Attitude Inc®.

Nos dois anos seguintes, licenciei produtos, como bicicletas BMX, pranchas de skate, capacetes para skatistas, bolas e tabelas de basquete, mochilas, bolsas e sacolas esportivas, cuecas, pranchas do tipo body-board, sapatos e patins in-line. Fiz até um contrato com uma revendedora de veículos que lançou um carro Attitude Inc®. Nada disso me custou dinheiro. Ao contrário, me fez ganhar.

A última linha de produtos que licenciei foi a de roupas. A marca estava intimamente ligada à coleção, e por isso, quanto mais longo o período pelo qual eu a controlasse, mais forte ela se tornaria.

No fim de 2001, tinha licenciado todos os meus produtos e parti para um campo diferente: o setor de palestras.

Portanto, se pensa em licenciar a sua marca, lembre-se de que isso só será possível se você tiver algo que a outra empresa não tenha – vendas, um público-alvo ou uma linha de produtos, por exemplo.

O licenciamento não é um processo tão fácil. Todo mundo acha que possui um produto capaz de atrair uma grande empresa. O fato é que, a menos que a sua linha de produtos seja totalmente diferente, você estará empurrando um carro ladeira acima.

Enquanto escrevo este livro, estou trabalhando em uma nova marca, com o objetivo de licenciá-la desde o início. Sei que disse considerar importante se fazer notar antes de deixar que alguém toque em sua marca, mas meu sucesso anterior com a Attitude Inc® me credenciou para acordos com grandes empresas do mundo inteiro que querem se aliar a meus produtos. Com o lançamento da nova marca, aquelas empresas poderão penetrar em novos e estimulantes mercados aos quais não teriam acesso.

Como se vê, o sucesso é contagioso. Por isso é extremamente importante pensar sempre com inteligência, para alcançá-lo o mais depressa possível. Daí por diante, são fenomenais as áreas positivas que se abrem.

Neste capítulo, você percebeu que, ao combinar esforços e ideias com a pessoa certa, pode chegar muito mais facilmente aonde deseja.

LISTA DE VERIFICAÇÃO

- A quem você pode se aliar, criando uma situação vantajosa para ambas as empresas?
- Você percebe que, ao promover uma aliança estratégica entre sua empresa e outra, pode aumentar os lucros sem gastar um centavo?
- Certifique-se de que toda aliança seja uma situação vantajosa para ambas as partes.
- Se um contrato "cheira mal", provavelmente não é boa coisa.
- Você possui uma marca que possa ser licenciada para outra empresa?

CAPÍTULO **8**

A FORMAÇÃO DA EMPRESA ESTÁ LIGADA À FORMAÇÃO DE RELACIONAMENTOS

Neste capítulo, quero enfatizar a diferença que aparece nos resultados, quando se criam relacionamentos baseados na confiança. Se você convence o cliente de que ele representa mais do que uma simples venda, os negócios prosperam. Não custa nada ser gentil. Comece a se concentrar nessa área, e a empresa sentirá os efeitos benéficos a longo prazo.

Vamos ver as várias áreas ligadas ao relacionamento com o cliente – todas importantes para a formação de opinião sobre a marca.

Atualmente, faz-se muito barulho em torno de "marca". São livros, seminários, avaliações de especialistas... Mas o que importa mesmo é a opinião do cliente. No fim deste capítulo, você terá entendido o que quero dizer.

Não existe nada pior do que entrar em uma loja e ser abordado por um vendedor com a velha e falsamente interessada pergunta "Tudo bem?", quando todos sabemos que a resposta não tem a menor importância para ele. Na próxima vez em que isso acontecer, experimente contar todos os eventos do seu dia e veja se ele não se afasta rapidinho! Hoje, os consumidores sabem muito bem quando estão sendo enganados ou tratados com hipocrisia.

Nunca esqueça que é muito fácil o cliente encontrar outro lugar para gastar dinheiro. Por isso, visando a um relacionamento a longo prazo, em vez de "hoje aqui, amanhã lá", é tão importante lhe dar a sensação de importância, de que você faz questão de dedicar seu tempo a ele.

É fácil perceber, em muitas empresas, o descaso pelo cliente, assim que ele vira as costas – pouco importa se vai voltar ou não – em uma típica visão venda a venda. Não ocorre a esses empresários que, se cuidarem um pouquinho melhor do cliente, podem conquistar sua fidelidade para a vida toda.

Como empresário, prefiro contar com alguém que compre meus produtos ano após ano, garantindo o faturamento, a conseguir uma grande e única venda. Comercialmente, é uma atitude que faz sentido. Pena que não haja mais gente com a mesma opinião.

Tenho uma história que ilustra a importância da construção de relacionamentos para o benefício dos negócios. Cerca de cinco anos depois de criada a Attitude Inc®, decidi transferir o depósito para um local onde pudesse manter também um ponto de venda a varejo. Seria uma boa solução, já que frequentemente recebíamos pessoas querendo comprar os artigos diretamente. Abrir um ponto de venda é relativamente fácil, mas eu pretendia ir além: inaugurar lojas em todo o país.

Assim, eu procurava um espaço, sem perder de vista o aspecto comercial. Ruas de tráfego intenso estavam fora de cogitação, pois eu pensava em possíveis franquias. Tínhamos sido procurados inúmeras vezes por interessados em abrir lojas "Attitude Only", mas as negociações nunca se concretizavam. Eu queria desenvolver lealdade à marca – que as pessoas comprassem por decisão própria, e não por passarem em frente e dizerem "acho que esta serve". Aquele era um ponto importante: se eu comprovasse lealdade à marca, seria mais fácil oferecer os pontos de venda a possíveis franqueados.

Até que encontrei o local perfeito. Rua importante, mas de pouco movimento, sem carros estacionados em frente e, para completar, próximo a várias imobiliárias, sem uma loja de roupas sequer nas redondezas. Perfeito!

Começou, então, o processo de instalação da loja. Como 80% de nossa coleção consistia em roupas para homens, considerei importante um ambiente voltado para o sexo masculino. Queria um local onde os compradores pudessem relaxar, sem o burburinho normal dos centros de compras. Contratei duas vendedoras e, na véspera da inauguração, transmiti a elas todas as informações sobre os produtos, de modo que estivessem inteiramente prontas para receber os clientes.

Exatamente quando eu ia abrir as portas pela primeira vez, uma das moças me perguntou:

CAPÍTULO 8 – A FORMAÇÃO DA EMPRESA ESTÁ LIGADA À FORMAÇÃO DE RELACIONAMENTOS

– Como você quer que a gente se dirija ao cliente?

– Não fale sobre os produtos. Apenas estabeleça um relacionamento com ele e faça com que goste da experiência – respondi simplesmente.

Em meio ao silêncio que se seguiu, pude ver o ar surpreso das duas.

– Impossível – disse uma delas.

– Como assim? – perguntei imediatamente.

– Todo mundo sabe que, para vender, é preciso falar sobre o produto – ela respondeu.

Confirmei minha ideia original:

– O que os outros fazem é problema deles. Vamos fingir que quem manda sou eu e fazer do meu jeito.

Ao me ver destrancar a porta, a outra moça falou:

– Duvido que você consiga vender sem falar do produto!

Pensei um pouco e respondi:

– Tudo bem. Se eu conseguir, vocês me pagam o almoço.

Ficou combinado assim, e a porta foi aberta.

Mais tarde, um rapaz entrou na loja. Seu primeiro comentário foi:

– Esta loja é nova, não?

– É, sim – confirmei. – Hoje, é nosso primeiro dia, e você é nosso primeiro cliente.

Ele explicou que daria apenas uma olhada rápida, pois estava em horário de almoço e não podia demorar.

Pelo canto do olho, percebi as moças me observando com um sorrisinho, à espera de que eu começasse a falar dos produtos.

Eu havia instalado na loja dois sofás confortáveis e duas televisões, onde fazia passar aqueles filmes que os garotos adoram (e eu também), com motociclistas fazendo acrobacias e levando tombos espetaculares.

Quando o rapaz, em sua andança pela loja, passou perto de mim, perguntei se estava com fome.

– Estou sim – ele respondeu, acrescentando que dispunha de 50 minutos para comer alguma coisa e voltar ao trabalho.

Como eu deveria comprar almoço para mim, ofereci:

– Quer que lhe traga um sanduíche?

Aceitando, ele colocou a mão no bolso para pegar o dinheiro.

– Não precisa – eu disse. – Você é meu convidado.

O rapaz ficou visivelmente surpreso.

– Não se encontra este tipo de serviço em outras lojas – falou, brincando.

– Quer beber alguma coisa? – perguntei.

– Quero, sim.

Então, eu lhe indiquei os sofás, para que se acomodasse, assistisse aos filmes e relaxasse. E disse que não hesitasse, caso quisesse examinar algum artigo, bastava pedir a uma das moças. Não precisava nem levantar do lugar!

Saí, comprei almoço para mim e hambúrguer e bebida para o cliente em potencial. Na volta, encontrei-o no mesmo lugar, assistindo ao filme. Entreguei-lhe o lanche e sentei-me a seu lado. Depois de 40 minutos que passamos diante da televisão, o rapaz olhou o relógio e percebeu que era hora de voltar ao trabalho. Agradeceu a refeição e se dirigiu para a saída.

Os olhos das vendedoras brilhavam felizes, imaginando o almoço que eu teria de pagar para elas, quando o rapaz parou, voltou-se e disse:

– Sabe, na verdade quero comprar algumas coisas. Quero ver aquela, aquela e aquela – apontou na direção dos cabides.

As moças ficaram atônitas. Em questão de minutos, ele gastou 180 dólares. Pegou as compras, guardou-as em uma sacola, pagou a conta e foi embora.

Aquele foi o começo do meu longo e saudável relacionamento com Ben. Tudo porque fiz com que vivesse uma experiência inédita, que colocou nossa loja no topo da lista.

Vamos ver por outro ângulo. Com certeza, você possui um círculo de amigos, e é inevitável que trate cada um deles de maneira um tanto diferente. Com alguns, é mais firme do que com outros. O mesmo acontece com os clientes. Alguns se contentam mais facilmente; outros são mais exigentes e precisam de atenção especial em todas as ocasiões. Mas não é assim em todos os relacionamentos?

A formação de um relacionamento sólido exige tempo e esforço – mas vale a pena e não custa um centavo sequer. Se quero fazer uma compra e percebo que a pessoa que me atende não me dá atenção nem se preocupa comigo, de modo algum entrego a ela meu rico dinheirinho.

No entanto, quando sou atendido por alguém que vai além de suas atribuições, sinto vontade de comprar, como se a compra fosse uma recompensa justa. É nesse sentido que você, empresário, tem de treinar sua equipe.

Muitas vezes, entrei em uma loja e percebi imediatamente que a pessoa atrás do balcão não era a dona do negócio. Alguém me passou essa informação? Não. Eu descobri pela falta de entusiasmo e de disposição de oferecer "aquele algo mais". Ninguém administra seus negócios melhor do que você. Ninguém é mais apaixonado por sua empresa do que você. É tarefa sua transmitir essa paixão aos funcionários. Isso pode ser resumido em apenas uma frase: a equipe precisa perceber que você se preocupa menos com as próprias necessidades do que com as necessidades do cliente.

Eis uma novidade para alguns: colocar as necessidades do cliente à frente das suas. É isso mesmo. Pense só por um minuto. Você já entrou em um estabelecimento e teve a impressão de que os funcionários pareciam fazer um favor ao atender o cliente? Já pagou por produtos e/ou serviços ruins? Experiências negativas acontecem em toda parte. O que sua empresa tem para que as pessoas decidam continuar a fazer negócios com você?

Tudo se resume a respeito mútuo. Não sei quanto a você, mas eu me sinto satisfeito quando estou cercado de pessoas de quem gosto – e insatisfeito quando estou ao lado de pessoas de quem não gosto. Com seu cliente, acontece exatamente a mesma coisa.

Se, a cada vez em que entra em contato com você, ele vive uma experiência desagradável, não espere uma relação duradoura.

A relação com o cliente é parecida com um contrato de casamento, exceto pela condição "no melhor e no pior": ele só se interessa pelo "melhor". Já aconteceu de lhe venderem um produto de que você não precisava ou que não atendia a suas expectativas (conforme o prometido)? Acho que todos passamos por isso.

Para evitar tal situação, adote como foco a volta do cliente para novos negócios, em vez de se concentrar em uma venda única.

Olhe em volta e provavelmente vai descobrir outras empresas que vendem produtos iguais aos seus – talvez pelo mesmo preço. A única diferença, portanto, é o elemento humano. É essa interação que faz a diferença para o cliente.

- Até que ponto você deseja o cliente?
- Você se disporia a abrir mão de uma venda se isso significasse a lealdade do cliente no futuro?

Essas são as perguntas a serem respondidas por todo empresário em determinado momento.

Nos primeiros dias da Attitude Inc®, contratei Matt como vendedor. Ele era bastante esperto, porém tinha muito a aprender. Matt desistia na primeira resposta negativa, sentindo-se pessoalmente desprestigiado, o que funcionava contra ele ao voltar à mesma loja para nova visita.

Certa vez, recebi o telefonema de um lojista que tinha ouvido falar da marca e queria expor minhas camisetas em sua loja. Liguei para Matt e pedi que fosse lá, sem compromisso. Horas mais tarde, ele me ligou de volta. Não cabia em si de contente. Pela rapidez e excitação com que falava, via-se que as coisas tinham corrido muito bem.

Segundo Matt, o pedido inicial era de 21 mil dólares em mercadoria. Imediatamente, disse a ele que telefonasse ao lojista, reduzindo a encomenda à metade.

Talvez, alguns leitores se assustem com essa atitude, mas vou explicar. A última coisa que eu queria era um vendedor ávido e desesperado representando a minha marca.

O próprio Matt ficou, no mínimo, confuso. Por que reduzir a quantia que o lojista se dispunha a gastar? Porque, embora fosse ótimo fazer um grande negócio, eu queria conquistar clientes a longo prazo. E, se as vendas não corressem como ele esperava, eu provavelmente receberia um pedido de devolução – possibilidade que não me agradava nem um pouco. Então, eu preferia enviar uma quantidade menor de camisetas, que pudesse ser vendida rapidamente, a deixar o estoque "mofando" nas prateleiras até o fim da estação, obrigando-me a fazer uma liquidação, o que daria à marca uma impressão desfavorável.

Matt voltou à loja e conversou com o dono, que logo pegou o telefone e me ligou para agradecer. Mantive o cliente durante muitos anos – tudo porque o considerei mais importante do que a venda. Aquele bom relacionamento fez os negócios crescerem sem que eu precisasse gastar um centavo.

Enquanto preparava este capítulo, telefonei para uma revendedora de carros com a qual nunca fiz negócios e recebi um tratamento contrário ao "cuidado com o cliente" – o que justifica minha opinião.

Eu queria comprar uma BMW série 6 – um carro raríssimo – e perguntei em meu telefonema se, por acaso, a revendedora teria um desses modelos em seu showroom. Sou um comprador impulsivo; se vejo um artigo e tenho vontade de comprar, compro. Naquele dia, eu estava com vontade de comprar.

Depois de esperar um tempão ao telefone, fui encaminhado ao "melhor vendedor da empresa", que perguntou qual tipo de carro eu gostaria de comprar.

Embora não houvesse na revendedora o modelo que eu queria, o vendedor se prontificou a procurar em outras – desde que eu pagasse determinada quantia como depósito. Quando perguntei por que teria de pagar para que ele procurasse o carro, a resposta foi: "Não queremos que desperdicem nosso tempo."

Não pude deixar de apontar a ironia da situação: ele estava julgando pessoas que procuravam um carro que ele jamais poderia comprar.

Sua resposta denunciou falta de profissionalismo e maturidade – desligou o telefone, simplesmente! Sim, isso mesmo. E no meio de uma conversa que poderia resultar na compra de um carro de 220 mil dólares!

Como se pode ver, ele pensou apenas na questão imediata. A possibilidade de conquistar um cliente para vendas futuras sequer passou em sua mente. A lealdade à marca superou o impulso, porém decidi fazer outra pesquisa na revendedora em que costumava comprar.

O episódio confirma a tese de que o esforço extra que se confere ao relacionamento com clientes novos e em potencial é a chave do crescimento da empresa. Infelizmente, é aí que muitos empresários falham. Alguns chegam a pensar que cabe ao cliente correr atrás deles. É uma pena quando isso acontece, pois, agindo assim, limitam o potencial de crescimento dos negócios. Entenda: a opinião que o cliente tem de sua empresa representa para ele um fato consumado.

O relacionamento que você mantém com seus fornecedores também é importante. Pergunte-se: Por que um fornecedor sairia de sua rotina para atender alguém de quem não gostasse?

Você se surpreenderia, caso soubesse quantos empresários tratam mal os fornecedores. Não consigo entender a razão disso, já que são os fornecedores que fornecem os produtos a serem vendidos. Sem eles, não há o que vender. Sei que a frase soa como senso comum, mas ainda me assusto ao descobrir quantas pessoas com quem convivo colocam o fornecedor no degrau mais baixo da escada.

No entanto os fornecedores são provavelmente a parte mais importante do processo e precisam ser bem cuidados – tanto quanto os clientes. Claro que, às vezes, eles podem deixar você "na mão", mas tratá-los mal seria um erro. Procurar um novo fornecedor exige negociação de preço e leva tempo. Sofremos muito para aprender como o tempo é curto atualmente. Portanto um bom relacionamento com o fornecedor é muitíssimo importante. E não custa dinheiro algum.

Faz pouco tempo, testemunhei o mal que pode causar aos negócios um mau tratamento dispensado aos fornecedores. Fui convidado por um homem a atuar como mentor em seu início no mundo dos negócios. A princípio, tive certas reservas, mas, depois de muita insistência, concordei em trabalhar com ele por um curto período.

Exigente como ninguém, ele determinou como eu deveria trabalhar e achava que todo mundo tinha a obrigação de abandonar as próprias atividades para lhe prestar assistência. Ele realmente me irritou, pois as pessoas costumam ficar satisfeitas com o meu trabalho.

Todas as semanas, nós nos reuníamos para decidir o caminho a seguir e examinar as áreas a serem trabalhadas. E, em toda semana, ele me dizia como estava decepcionado com minha atuação. Minha mulher e meus amigos não entendiam por que eu aturava tantas críticas. Mas fiz questão de cumprir o compromisso assumido e aguentar enquanto pudesse.

Depois de alguns meses, ele começou a reclamar do fornecedor em nossas reuniões. Tendo experiência em seu setor de atuação – roupas –, examinei suas queixas acerca de produtos e, sinceramente, não encontrei problema algum. E disse isso a ele. O empresário ignorou minhas palavras como se eu não tivesse a menor ideia do assunto. Imagine o quanto aquilo me aborreceu.

Na reunião seguinte, a reclamação foi sobre um trabalho de estamparia, que, segundo ele, era inaceitável. Disse, inclusive, que devolveria todo o lote, pois seu nome estava em jogo. Minha vontade foi responder que sua importância no setor ainda não era grande coisa, mas me contive.

Ao examinar o trabalho de estamparia do qual ele tanto se queixava, considerei absolutamente dentro dos padrões. Mais uma vez, meus comentários foram ignorados.

Cansei. Finalmente, cheguei a um ponto sem volta. Disse que não estava mais disposto a atuar como mentor, em especial porque ele não escutava alguém mais experiente. Para que pedir meus conselhos se não queria ouvir? Minha última advertência foi no sentido de que tivesse cautela no trato com os fornecedores, que talvez não fossem tão pacientes quanto eu (falei com base, pois alguns tinham entrado em contato comigo, expressando sua insatisfação). Ele respondeu que sabia o que estava fazendo, e nos separamos.

Poucos dias mais tarde, recebi telefonemas do fabricante de camisetas e do responsável pela estamparia. Ambos o haviam dispensado como cliente. Segundo explicaram, não iam mais aturar seus desaforos.

Aquele empresário aprendeu a lição da maneira mais dolorosa possível. Hoje, ele possui uma empresa de fundo de quintal, com uma receita de cerca de 20 mil dólares anuais – o que é muito pouco, em comparação ao potencial de crescimento de sua marca. Ele não conseguiu perceber que os fornecedores faziam parte da equipe; não estavam necessariamente "trabalhando para ele". Deveriam estar todos juntos em busca do mesmo ideal.

Garanta aos seus fornecedores um tratamento respeitoso. Se eles gostarem de você e de seu trabalho, vão se esforçar ao máximo para agradar. E, quanto mais fizerem isso, melhor para seus negócios. O fornecedor tem tanta importância na equação quanto o comprador. Ambos caminham com você, um de cada lado.

LISTA DE VERIFICAÇÃO

- Uma marca forte depende de relacionamentos sólidos.
- A relação se fortalece quando você coloca as necessidades do cliente em primeiro lugar.
- Os clientes vivem experiências positivas todas as vezes que entram em contato com sua empresa?
- Você visa à lealdade do cliente ou pensa apenas na venda imediata?
- Cuide para que cada cliente viva uma experiência que considere pessoalmente especial.
- A atitude de sua equipe de funcionários reflete sua atitude?
- Você e sua equipe agem com profissionalismo em todos os contatos com os clientes?

CAPÍTULO 9

PEÇA FAVORES E CONSELHOS

alvez você se surpreenda ao ver, em um livro que fala de prosperidade nos negócios sem gastar um centavo, um capítulo sobre conselhos e até duvide da importância deles.

Boa parte deste livro trata da trajetória da minha empresa, desde que começou, bem pequenina, até o ponto a que chegou, antes de eu me afastar.

Um dos fatores mais importantes para o crescimento da minha empresa foram os conselhos que recebi – e não paguei um centavo por eles.

Sempre gostei de fazer as coisas do meu jeito. Pedir ajuda ou conselhos nunca foi do meu feitio. Quando iniciei meus negócios, porém, logo percebi que fazer as coisas à minha maneira podia ser muito bom enquanto eu estudava ou trabalhava para os outros, mas não naquela situação.

Todos os dias, aparecia alguém querendo me aconselhar sobre isso ou aquilo. Não demorou muito e me convenci de que precisava de conselhos específicos, vindos de gente com experiência em minha área de atuação.

A verdade é que todo mundo possui uma opinião acerca do que você deve fazer para se tornar um indivíduo bem-sucedido. Neste exato momento, você provavelmente será capaz de enumerar várias pessoas próximas que vieram com o chavão "se quer a minha opinião...". O engraçado nessas pessoas, em sua maioria, é que, quando você tenta dar um conselho, elas o cortam rapidamente – mais depressa do que você levaria para dizer "quero, sim".

Há que ter extremo cuidado com os conselhos, em especial com os não solicitados. Você não deixaria que um desconhecido entrasse em sua casa, se acomodasse na sua poltrona preferida e assumisse o controle de tudo. Da mesma forma, não permita que alguém se intrometa em suas decisões empresariais, com opiniões ou conselhos, se você não quiser.

Em minha opinião, no mundo dos negócios, existe gente demais dando palpite e gente demais escutando. Os experts estão em toda parte e parecem surgir no exato momento em que uma empresa é criada. E cobram por isso. O problema com alguns deles é que, se você não tomar cuidado ou não observar as coisas atentamente, corre o risco de gastar, em vez de ganhar dinheiro.

Nos últimos anos, assisti a uma explosão de processos de *coaching*, visando à vida profissional ou pessoal. Não digo que sejam estratégias desnecessárias, mas o número de pessoas que se dizem experts em áreas nas quais ainda não alcançaram o sucesso me deixa desconfiado. Como vão ajudar os outros se elas mesmas precisam de ajuda?

Em determinadas situações, acredito na utilidade e na importância dos *coaches*. Mas, se você conhece as minhas ideias, sabe o que penso a respeito de alguns deles, muito "espertinhos", que mancham a reputação dos bons profissionais, esses, sim, verdadeiros fatores de agregação de valor aos negócios.

Frequentemente, surpreendo-me com o modo como se iniciam algumas empresas de *coaching*. Conheço uma dirigida por um sujeito que trabalhava para outras pessoas e um dia decidiu ensinar a administrar. Abriu uma empresa e hoje cobra fortunas por uma franquia de *coaching* para empresários. Não é feita aos franqueados a exigência de uma carreira bem-sucedida. Na verdade, esse fato é apontado como um atrativo nas palestras de apresentação: para adquirir uma franquia, não há necessidade de haver administrado ou operado uma empresa.

Os novos *coaches* são "empurrados" para pequenos empresários desavisados que pagam por um ano de acompanhamento, a preços altamente inflacionados. No fim de doze meses, o cliente se pega perguntando por que sua empresa não cresceu tanto quanto o expert lhe havia prometido. Na verdade, o que cresceu foi a conta bancária do *coach*.

A razão é simples. O *coach* não tinha experiência – jamais passou pelo que o empresário passa. Então, como poderia possuir conhecimento ou compreensão de uma área sobre a qual aprendeu apenas em livros ou em cursinhos de fim de semana?

Não quero parecer maldoso, mas a verdade é que recebo de 20 a 30 e-mails por dia de pessoas reclamando dos maus resultados do "*coach* de empresários".

Este capítulo trata de como encontrar a pessoa certa para lhe dar bons conselhos dentro do seu setor de atuação. Se você vai ou não pagar por isso, é problema seu. Meu conselho é: olhe em volta e encontre alguém que atenda a suas necessidades. O fato de um indivíduo apresentar-se como "*coach* de empresários" não significa, necessariamente, que ele conheça as áreas a serem trabalhadas em sua empresa.

O motivo pelo qual me envolvi com a Attitude Performance Coaching® foi muito semelhante ao que me levou a abrir a Attitude Inc®. Eu queria criar uma orientação para as empresas de *coaching*. Queria cobrar um preço justo, em vez de taxas altíssimas. Queria oferecer muita relevância, em lugar do conteúdo-padrão oferecido e raramente testado antes da aplicação. Queria agregar valor aos negócios dos empresários. Queria que as pessoas fizessem valer o próprio dinheiro. Queria estabelecer um padrão a ser adotado por quem quisesse contratar um *coach*. Não desejo parecer arrogante, apenas fiquei aborrecido ao ver tantas pessoas serem enganadas.

Veja este espantoso exemplo de como as coisas podem acontecer. Cerca de seis meses atrás, eu estava na minha mesa de trabalho, preparando uma apresentação, quando chegou o e-mail de um *coach*: uma daquelas mensagens enviadas a vários destinatários em busca de uma resposta. Seu "problema" era encontrar a solução de um exercício de marketing simples, uma questão de oferta e demanda – nada muito técnico. Para falar a verdade, fiquei surpreso com o fato de um profissional precisar de ajuda para resolver uma tarefa tão simples.

Em um e-mail espirituoso, respondi que, sabendo-se que ele recebia do cliente um bom dinheiro por mês, eu lhe daria a solução, mas cobraria por ela determinada quantia a ser doada a uma instituição de caridade. Jamais recebi resposta.

Mais tarde, comentei o fato com um colega que me perguntou se eu sabia o nome do remetente do e-mail. Depois de uma olhada, respondi. Minha informação provocou, do outro lado da linha, um silêncio carregado de surpresa. Tratava-se justamente do dono da empresa de *coaching* que cobrava centenas de dólares pelo licenciamento de seu modelo de negócios. Um cliente que paga uma fortuna por mês, em troca dos conselhos de especialistas, não ficaria nem um pouco satisfeito ao saber que a orientação que recebe vem de outras fontes – às custas dele.

Muito cuidado com pessoas a quem você escuta. Às vezes, a opinião alheia nos agrada. Mas, se agirmos com base em opiniões equivocadas, poderemos fazer os negócios crescerem na direção indesejada.

Este livro trata da prosperidade nos negócios a custo zero. Será que você *realmente* tem condições de manter um *coach*? Talvez, eu esteja trabalhando contra mim (já que possuo uma empresa de *coaching*), mas você precisa se certificar de que a contratação do *coach* não comprometa o fluxo de caixa em uma área que lhe daria um crescimento real, e não uma aparência de crescimento.

Há algum tempo, perguntaram-me qual é a diferença entre *coach* e mentor. Existem *coaches* para a vida pessoal, para a vida profissional e até para *coaches*. Mas o que é um *coach* e o que o diferencia de um mentor?

Vou explicar rapidamente, pois talvez você esteja procurando um em lugar do outro.

Na minha opinião, o *coach* para empresários é alguém que se mantém perto de você, orientando no dia-a-dia o crescimento da sua empresa, observando as operações de rotina e resolvendo os problemas que surgem.

É imprescindível que o *coach* compreenda o setor em que atua, de modo que você não sirva de cobaia. O mesmo acontece no mundo dos esportes: os treinadores bem-sucedidos apresentam uma bagagem de vitórias. Eles sabem o que dá certo e o que não dá. Embora o time sofra alterações com o passar do tempo, mantêm-se fiéis às orientações provadas e aprovadas e à estrutura que sabem ser eficaz. Como verdadeiros *coaches* de empresários, dedicam-se a orientar as pessoas no completamento de tarefas e na superação de problemas.

O mentor é completamente diferente: pode vir de diversas áreas e alcançou o tipo de sucesso que o cliente quer atingir. O mentor não precisa provar nada a ninguém; seu sucesso é reconhecido. Você aprende com ele. A bagagem que ele traz, de experiência e conhecimento acumulados, são a parte mais valiosa de seu envolvimento com você.

Em meu segundo ano no mundo dos negócios, fui convidado para uma reunião na sede da Philips, cujo objetivo era o licenciamento da minha marca (assunto de que tratei no capítulo 7). O que muita gente não conhece é a amizade que surgiu entre mim e Harry van Dyk, vice-presidente da Philips Consumer Electronics. Nós nos demos muito bem logo de saída. Eu o via como alguém bem-sucedido, com quem tinha muito a aprender.

Na mesma época da reunião na sede da Philips, eu tinha problemas com um negócio que não "deslanchava". Certo dia, decidi telefonar diretamente a Harry, convidando-o para um café. Assim, poderia lhe pedir um conselho. Eu não sabia se ele teria tempo para mim, mas, se não perguntasse, jamais saberia. Para minha surpresa, Harry aceitou e concordou em me ajudar.

No decorrer do encontro, confirmei que Harry realmente entendia de seu ofício. Tinha experiência em áreas em que eu engatinhava. Ao chegar em casa no fim da tarde, contei a minha mulher sobre a conversa. Vanessa comentou casualmente que seria bom ter

Harry por perto para o caso de surgirem novas dúvidas. Foi uma observação feita quase ao acaso, mas levei a sério.

Poucas semanas mais tarde, perguntei a Harry se concordaria em ser meu mentor. Na época, eu não sabia bem o que era um mentor. Queria apenas um ouvido atento para o caso de eu precisar desabafar; alguém que me "pusesse nos eixos". Não demorou muito e ouvi uma resposta positiva.

Harry e eu nos falávamos regularmente. Com os negócios crescendo substancialmente, era bom ter por perto alguém que compreendesse meus sentimentos.

Uma das razões de minha satisfação em trabalhar com Harry era o fato de ele não pertencer ao meu setor específico de atuação, o que conferia a seus conselhos e ideias um ângulo totalmente novo. Além disso, eu podia aplicar métodos de grandes empresas a pequenas operações, com resultados extraordinários.

A contribuição de Harry para meu sucesso foi espetacular. Por isso, aconselho todos a procurarem um mentor em lugar de um *coach*.

Um princípio que mantive durante toda a minha vida profissional foi o de buscar aprender com indivíduos cujo setor de atuação fosse diferente do meu. Jamais vou pedir orientação a alguém que pertença ao setor em que eu estiver atuando no momento. A razão para isso é simples: não quero saber o que não deu certo. Não faz o meu gênero. Quando abri a Attitude Inc®, cansei de ouvir do pessoal do ramo de vestuário coisas do tipo "camiseta não dá certo", "camisetas com slogans estão ultrapassadas", "você precisa de experiência no comércio de roupas, para chegar a algum lugar", "é necessário fazer um curso de designer, para obter sucesso no setor" e assim por diante.

A questão é que eu não me deixaria limitar pelas experiências alheias, boas ou ruins. Queria ter a minha volta gente que pensa grande. Por isso, decidi ainda no início aplicar grandes ideias a pequenos negócios e, com a assistência e a orientação de Harry, posso dizer que valeu a pena.

Como eu já disse, a pessoa a quem se escuta tem um profundo impacto sobre os resultados obtidos. Não deixe que o orgulho o impeça de pedir ajuda ou conselhos. Mas estou falando de pedir ajuda ou conselhos a amigos e/ou colegas de trabalho, e não a *coaches* e mentores.

O orgulho não ajuda em nada o progresso dos negócios. Existe um fato que é preciso ter sempre em mente: você não sabe o que não sabe. Sem reconhecer isso, como aprender o que deve aprender? Claro que é possível fazer cursos na esperança de adquirir conhecimentos que, um dia, sejam necessários. Mas você pode escolher a opção mais fácil: pedir ajuda e conselhos àqueles com quem convive.

A melhor parte dessa opção é o custo zero. Você provavelmente possui amigos que são empresários ou ocupam cargos administrativos de alto nível. Essas pessoas provavelmente não se importarão de partilhar com você seus conhecimentos e informações.

Nem todo mundo cobra pelos conselhos que dá. Conforme escrevi em Atitude 2, a generosidade é um indicador do verdadeiro sucesso. Você vai ver que indivíduos generosos atraem outros indivíduos generosos. O que quero dizer com isso é: se você administrar com generosidade seu tempo, seu conhecimento e até seu dinheiro, vai atrair o mesmo tipo de pessoa e terá esses recursos ao alcance da mão.

Se você enfrenta dificuldades ou vê o crescimento da sua empresa estagnado, converse com seus conhecidos e talvez se surpreenda com o retorno. O fato de atuarem em outros setores não significa que sejam incapazes de fornecer a resposta certa ou a melhor orientação. Acredito mesmo que isso favoreça ideias e soluções inovadoras e lucrativas. Cabe a você adaptá-las, de modo que se tornem relevantes para sua estrutura de negócios.

Cuidado, porém. Preste atenção à compatibilidade.

Faz pouco tempo, atuei como mentor de um homem que constantemente questionava tudo o que eu dizia – a ponto de submeter minha orientação à aprovação de sua namorada, que fazia um curso de administração. Era dela a última palavra (sem haver ainda realizado coisa alguma!). Acabei pondo um fim em nosso trato.

Portanto veja se você é compatível com a pessoa de quem recebe ajuda e conselhos. Choques de personalidade podem resultar em decisões equivocadas, que vão atrapalhar seu progresso e desperdiçar seu dinheiro.

Você logo percebe se existe compatibilidade, já que o respeito é muito importante nesse aspecto. Se você não respeita os conselhos de determinada pessoa, é sinal de incompatibilidade.

O último aspecto que pretendo abordar neste capítulo é a responsabilidade – algo que, mais uma vez, não custa um centavo sequer.

Quando você trabalha para determinada pessoa, torna-se automaticamente responsável diante dela. Você tem um emprego, recebe um salário e deve assumir isso.

Mas o que acontece quando se trabalha por conta própria? A quem se reportar?

É aí que alguns empresários novatos se dão mal. São donos de uma recém-descoberta "liberdade". São os patrões e podem fazer o que quiserem: trabalhar quando tiverem vontade, gastar onde acharem melhor – tudo, basicamente. GRANDE ENGANO! Muitos sentem dificuldade em serem responsáveis diante de si mesmos. Um meio de contornar o problema é se tornarem responsáveis diante das pessoas que os cercam. Mas aprendi que o melhor é assumir responsabilidade pelas metas a alcançar. A responsabilidade leva ao foco.

Se você encontra dificuldade em ser responsável diante de si, procure assumir responsabilidade diante de outra pessoa. Isso ajuda a manter o foco e a orientação. Até hoje, converso com Harry, meu mentor. Meu senso de responsabilidade diante dele colaborou para que eu me mantivesse focado e no caminho certo.

Quando se abre uma empresa, existem muitos erros possíveis. As armadilhas estão em toda parte. Por isso é tão interessante ter por perto alguém diante de quem se sentir responsável. Talvez essa pessoa seja necessária apenas durante um certo tempo, ou talvez seja melhor manter a relação por um período mais longo. A decisão é sua.

Outro aspecto da responsabilidade é jamais se sentir maior que o próprio sucesso. No momento em que você faz isso, começa a tomar o caminho descendente da presunção. E todos sabemos o que acontece com quem apregoa as próprias virtudes: acaba por perder o fôlego.

Uma boa ideia para garantir determinado nível de responsabilidade é instituir uma comissão não oficial, formada por parentes, amigos ou colegas de profissão, com disponibilidade para se reunir e discutir as questões ligadas à empresa.

Todas essas sugestões demonstram que conselhos e responsabilidade são grátis. Junte-os e verá crescerem os negócios e o retorno sobre seu investimento. Não sei quanto a você, mas da minha parte vejo com muito bons olhos a ideia de ganhar mais sem aumentar os gastos.

Acredite em mim. Até hoje, mantenho um grupo seleto de pessoas em quem confio. Elas não me cobram por sua orientação nem por seus conselhos úteis. Não batem a minha porta pedindo comissão sobre os lucros. Simplesmente, ficam satisfeitas em fazer parte do meu sucesso.

Por último, chegamos aos favores – fazer e receber. Talvez você descubra que alguns dos seus amigos ou sócios possuem contatos, em determinadas áreas, potencialmente benéficos ao crescimento de sua empresa. Faça perguntas e diga o que quer, pois você vai se surpreender com as possibilidades de receber favores e fazer negócios. Alguns de meus maiores ganhos, no decorrer dos anos, só foram possíveis graças aos conhecidos de meus conhecidos.

Olhe em volta. Aposto que seus amigos adorariam ajudar você, adorariam fazer-lhe um favor. É tarefa sua informar a eles quais são suas necessidades.

Se um dia alguém lhe disse "caso precise de alguma coisa...", lembre-se disso e entre em contato. Não tenha medo de pedir favores.

Por outro lado, não se acanhe de fazer favores. Obviamente, é preferível ajudar quem se conhece a colaborar com desconhecidos.

Se você soubesse quantas pessoas aparecem fazendo pedidos, quando se alcança um certo nível de sucesso, teria uma surpresa desagradável.

Não tenha medo de solicitar ajuda. Não pense que pedir conselhos significa insucesso pessoal. Pessoas inteligentes pedem, em vez de invadir.

Vou dizer novamente: para fazer os negócios prosperarem, é preciso trabalhar com inteligência. E pessoas inteligentes querem ser ainda mais inteligentes.

LISTA DE VERIFICAÇÃO

- Você tem um mentor?
- Você aceita conselhos ainda que possam parecer incômodos a princípio?
- Selecione com cuidado as pessoas a quem vai escutar.
- Procure buscar conselhos com quem é bem-sucedido.
- Cerque-se de pessoas com quem tenha afinidade.
- Prepare-se para flexibilizar suas ideias e sua imaginação.
- Peça opiniões a pessoas que atuem em outros setores, em busca de ideias inovadoras.
- Diante de quem você se sente responsável?

CAPÍTULO **10**

DIRECIONE O SUCESSO PARA ALÉM DAS FRONTEIRAS

NESTE CAPÍTULO

■ **1.** Orientação ■ **2.** Nitidez de visão ■ **3.** Percepção tardia do que deveria ter sido feito ■ **4.** Visão 20/20 ■ O empreendedor

Por que vou tratar de questões além das fronteiras da empresa, se este é um livro sobre prosperidade nos negócios a custo zero?

Simples, realmente. São as questões além das fronteiras da empresa, os bens tangíveis desejados, que nos levam a abrir negócio próprio.

Neste capítulo, vou revelar o "segredo" que está por trás do crescimento de minha primeira empresa e de todos os negócios que tive. Você vai ver que meu segredo não passa de senso comum.

Os empresários que "ralam" em uma jornada de trabalho absurda, na tentativa de manter a cabeça fora da água, precisam lembrar o início de sua trajetória. Não acredito, por um momento sequer, que a vida profissional seja um eterno mar de rosas nem que seja desnecessário trabalhar arduamente. Quero destacar apenas que existem áreas às quais se deve dar atenção, pois talvez tenham sido deixadas de lado, consideradas fantasias impossíveis de realizar.

Não vejo em minha empresa a medida ou o significado da vida. Minha empresa é a ferramenta que me leva ao ponto aonde quero chegar na vida pessoal. Minha empresa não me domina nem me define. Eu a defino. Eu controlo meus negócios e o dinheiro que ganho com eles, para conseguir o que quero da vida. As pessoas tendem a perder esse ponto de vista.

Este capítulo vem por último, de propósito, para que você se posicione e enfoque o motivo pelo qual entrou (ou quer entrar) no mundo dos negócios.

Se você leu algum de meus livros ou assistiu a uma de minhas palestras, sabe aonde quero chegar. Acredito piamente em fazer a empresa trabalhar para o dono. Vamos falar sério. Se você tem de "ralar", pouco vê a família, luta para não deixar a empresa afundar e leva para casa o dinheiro certo para as despesas da semana, não faria mais sentido trabalhar para os outros, deixando que assumam os ossos do ofício?

E se eu conseguisse mostrar a você um meio de organizar as ideias, ações e resultados, bastando para isso mudar a maneira de ver as coisas?

Não se trata de ciência espacial. Já recebi muitas críticas em relação a minhas opiniões sobre o assunto. Alguns empresários antigos consideram minhas ideias simplistas – tudo fácil demais. No entanto, quando digo que me aposentei aos 31 anos, eles recuam e admitem que talvez eu tenha razão em alguns pontos.

As pequenas empresas são a espinha dorsal da maior parte dos países. Então, por que os pequenos empresários enfrentam situação tão difícil? Por que trabalham tanto e ganham tão pouco?

Acredito que, às vezes (nem sempre), há falta de preparação adequada e de orientação, o que acaba se refletindo nos negócios.

Deixe-me explicar. Você precisa pensar no momento em que decidiu abrir um negócio próprio. Qual foi a razão específica para a escolha desse caminho?

Na maior parte das vezes (eu diria que em 99% delas), abrimos negócio próprio com a intenção de conquistar melhor e mais facilmente um bem tangível. Em outras palavras: pretendemos conseguir uma casa maior, um carro melhor, cuidar mais da família sob uma perspectiva financeira ou gozar da liberdade proporcionada pela administração de uma empresa própria.

Lembre-se de que esses foram os sentimentos e ideias, antes que as pessoas abrissem suas empresas. Esses desejos são a força motriz que nos leva do sonho à realidade da vida de empresário.

Então, por que muitos, ao abrirem negócios próprios, esquecem as verdadeiras razões que os levaram a isso e caem na armadilha de trabalhar para a empresa, em vez de fazê-la trabalhar para eles? Por que esquecem seus desejos originais?

É fato conhecido que uma das razões pelas quais abri a Attitude Inc® foi a vontade de ter um belo carro. Nunca perdi de vista aquele desejo, e meus negócios prosperaram porque eu sempre queria comprar um carro ainda melhor.

Faça-se uma pergunta simples: conquistei tudo o que queria e alcancei o estilo de vida desejado ao decidir abrir uma empresa? Se a resposta for "sim", tudo bem, mas, se for "não", é sinal de que você precisa repensar sua atuação.

É assim que você pode fazer os negócios prosperarem sem gastar um centavo. Esse é o processo percorrido pela minha empresa, que começou com um capital de 50 dólares e virou marca licenciada internacionalmente.

Uma lista dos bens tangíveis que você gostaria de adquirir com os ganhos obtidos pelos negócios é um bom ponto de partida. Um detalhe importante aí é não incluir na lista itens como "quero sucesso" ou "quero ganhar muito dinheiro". Esses não são bens tangíveis. Eu sei que se pode tocar e cheirar dinheiro, mas, neste caso, o que interessa são as coisas que se pode comprar.

E, então, já fez a lista?

Digamos, por exemplo, que você queira ter uma empresa para comprar um bom carro, a casa própria, um apartamento novo ou o que quer que seja.

Assim, todas as vezes em que tomar uma decisão de negócios, seja ela corriqueira ou importante, pergunte-se: minha decisão vai me deixar mais perto daquilo que quero ter? Todas as vezes em que estiver a ponto de optar por uma despesa, faça a mesma pergunta. Pode acreditar: quando algo de pessoal está em jogo, o processo de tomada de decisões se torna muito mais claro e simples.

Muitos empresários caem na terrível armadilha "sou o dono do negócio", quando precisariam somente ser indivíduos que fazem extremamente bem seu trabalho, para poder aproveitar o estilo de vida que desejavam no início da jornada.

É muito fácil perder de vista as metas originais. O difícil é não ser apanhado pelo dia a dia da administração de uma empresa. Mas, enquanto mantiver o foco nas razões simples e verdadeiras que levaram você a entrar no mundo dos negócios, estará pelo menos mantendo o rumo e garantindo a capacidade de avaliação do próprio sucesso, por meio da realização das metas que estabeleceu para si.

Por isso sou um adepto fervoroso de metas tangíveis que possam ser alcançadas relativamente depressa. São poucas as pessoas que recebem recompensas ao longo do caminho. Elas consideram a aposentadoria sua maior recompensa. Mas a jornada pode ser longa e cansativa.

A propriedade de uma empresa está ligada à liberdade – liberdade de trabalhar por aquilo que você sempre desejou. Não quero com isso dizer que vai ser fácil. Mas, quando você puder aproveitar as tão sonhadas férias, quando tiver economizado o suficiente para dar entrada na casa que tanto admira, quando passar mais tempo com a família, em vez de atravessar a noite trabalhando, vai apreciar o esforço e o trabalho árduo despendidos.

Quando você se concentra em obter o máximo dos negócios sob uma perspectiva pessoal, com certeza presta mais atenção aos gastos e começa a encontrar maneiras melhores e mais inteligentes de fazer os negócios crescerem sem gastar tanto, pois percebe que, quanto mais aplica em despesas sem retorno, mais longe fica dos bens tangíveis desejados.

Parece simplista, eu sei, mas os resultados serão uma surpresa agradável – menos dinheiro aplicado na empresa e mais recompensas para você, dono dela.

Tudo se resume ao foco nas suas razões originais para abrir uma empresa. Apanhados pelos problemas do dia a dia, pelos sucessos e insucessos nos negócios, tendemos a nos concentrar na simples sobrevivência.

Assim, vê-se por que é tão fácil chegar um dia à conclusão de que "não sei quando foi que comecei a perder de vista o panorama geral".

Quero mostrar o que chamo de "quatro aspectos do foco", para que você tenha uma ideia do momento em que as pessoas perdem de vista o panorama geral e das razões pelas quais isso acontece. São eles:

1. Orientação.
2. Nitidez de visão.
3. Percepção tardia do que deveria ter sido feito.
4. Visão 20/20.

Vamos examiná-los. Talvez, assim você identifique a área em que tropeçou e consiga retomar o caminho na direção do que deseja obter dos negócios.

1. ORIENTAÇÃO

Com tantos problemas rotineiros, é muito fácil perder o rumo, quando se trata de administrar os negócios com eficiência. A tentativa de resolver essas questões pode custar mais do que seu verdadeiro valor.

O foco nas verdadeiras razões pelas quais você abriu a empresa pode ajudar, quando se trata de manter a orientação certa.

Às vezes, gastar dinheiro parece ser a solução mais fácil para determinada situação. Naquele momento, a ideia faz sentido. No entanto, antes de decidir, pergunte-se: existe outra maneira menos dispendiosa de resolver a questão?

Lembre-se de que as escolhas de hoje determinam o caminho de amanhã. Aplicar dinheiro em um problema não significa necessariamente resolvê-lo. A chave é manter os olhos fixos no resultado final.

Muitos empresários mudam constantemente de direção. Todas as vezes em que surge um novo método, ou uma nova maneira de atuar, alteram o modelo de negócios.

Na maior parte das vezes, a melhor orientação é seguir o plano original. Cada mudança de curso significa um recomeço. Não admira, portanto, que você tenha a impressão de não sair do lugar. Mantenha sob uma perspectiva pessoal o foco no que deseja ganhar com os negócios. É a melhor orientação.

2. NITIDEZ DE VISÃO

A visão pouco nítida só serve para retardar seu progresso.

Confusão, impaciência, frustração e a busca de uma solução rápida e fácil são sintomas de uma visão pouco nítida dos negócios. Dar ouvidos a quem não entende do assunto é outra maneira de prejudicar a visão.

Muita gente considera bobagem meu desejo de comprar um "carrão", mas para mim deu certo. É muito fácil se deixar influenciar por essas pessoas, mas será que elas continuarão a seu lado se as coisas derem errado?

A importância que você dá aos bens que deseja comprar com o que vier a ganhar nos negócios determina a sua nitidez de visão. A responsabilidade sobre o ponto aonde quer chegar é toda sua.

A empresa deve ser apenas uma ferramenta para chegar ao que você deseja. Portanto, se as coisas parecerem meio fora de foco, pare, pense em seus desejos e passe a decidir com base neles.

Assim, garanto que suas decisões vão fazer você se aproximar cada vez mais da realização.

3. PERCEPÇÃO TARDIA DO QUE DEVERIA TER SIDO FEITO

Estou certo de que todos os leitores deste livro, em algum momento da vida, já se disseram: se eu não tivesse feito aquilo..." ou se eu não tivesse falado aquilo... . Existem muitos motivos para lamentar – erros cometidos, situações que poderiam ter sido administradas de modo diferente –, mas a realidade é que não se pode voltar e mudar o passado. O que há a fazer é se certificar de não errar novamente.

Se você já gastou à toa rios de dinheiro, tentando fazer os negócios melhorarem, não se censure. Como se viu, existem alguns meios simples de fazer os negócios prosperarem a custo zero. Mas isso não é motivo para chorar pelo leite derramado. Comece a agir a partir de hoje.

Não cometa o engano de reviver constantemente o que já passou. Tanto os sucessos como os insucessos ficaram no passado. O cliente não quer saber dos erros que você cometeu um ano atrás. Só quer saber se você vai tratá-lo bem hoje.

Problemas e/ou erros passados devem ficar exatamente onde estão: no passado!

4. VISÃO 20/20

Nos negócios, a visão perfeita, a chamada 20/20, é a mais desejável. É com ela que se enxergam claramente os clientes como recursos valiosos e os meios melhores e mais baratos de fazer os negócios prosperarem. Tudo se resume à maneira de ver as coisas.

Atualmente, são muitos os mitos que correm acerca do sucesso. Algumas pessoas medem o sucesso pelo carro que você dirige, outras pelo retorno gerado por seus negócios. Em minha opinião, mede-se o sucesso pela realização das metas estabelecidas. Não me preocupo em saber se me consideram bem-sucedido ou não. Nessa área, sou meu próprio juiz.

Você precisa começar a trabalhar para alcançar as metas tangíveis que estabeleceu para si. Não se preocupe em comparar seus ganhos com os ganhos dos outros. Pense no que quer atingir e passe a ver seus negócios com uma visão 20/20:

■ Você trata o cliente da melhor maneira possível?

- Você oferece o melhor produto possível?
- Você alcança o que deseja todos os dias?
- Você faz os negócios prosperarem com menos gastos em relação ao passado?

Existem perguntas que só você sabe responder. E, quando encontrar as respostas certas, examine novamente seus negócios. Aposto que estarão melhorando rapidamente.

O sucesso é contagioso. Todo mundo quer participar do que dá certo. Seus clientes querem fazer parte de um time vencedor, portanto cuide para que sua empresa seja vencedora. Nem é preciso sair por aí anunciando isso aos quatro ventos, pois as pessoas sabem. Nada é pior do que ver alguém se gabar do próprio sucesso. O cheiro de esterco de vaca vai longe. Não haveria maneira melhor de destruir sua credibilidade aos olhos dos clientes.

O EMPREENDEDOR

Gostaria de fazer mais um comentário: a quantidade de pessoas em busca de um "rótulo" que defina quem são, em vez de trabalharem direito. Um desses rótulos é o de "empreendedor". Vou resumir a maneira como acredito que os empreendedores agem e operam. Se isso ajudar na sua trajetória em busca de uma empresa bem-sucedida, para mim será maravilhoso.

Se você conhece minhas ideias, sabe que considero desgastado o termo "empreendedor". As pessoas parecem usá-lo como um distintivo, em vez de ir à luta, tomando atitudes empreendedoras. Administrar ou ser dono de um negócio bem-sucedido não implica necessariamente que o indivíduo seja um empreendedor. Verdadeiros empreendedores demonstram uma disposição diferente. Eles fazem de tudo para completar com sucesso o que começam.

Defini o que chamo de cinco sentidos do empreendedor, que destacam a diferença. Digamos que todos os atuantes do mundo dos negócios possuam visão, paladar, olfato, audição e tato (como qualquer pessoa). Os sentidos enviam mensagens ao cérebro, fazendo você agir de determinada maneira. O empreendedor tem os mesmos sentidos, mas os utiliza de outro modo.

Se você tomar a utilização que o empreendedor dá aos sentidos e aplicá-la à administração rotineira dos negócios, com certeza verá os benefícios em curto período de tempo. Os cinco sentidos empreendedores vão levar você mais longe até alcançar o nível de sucesso que deseja.

VISÃO EMPREENDEDORA

Empreendedores enxergam coisas que os empresários "normais" não percebem. Quero dizer que conseguem ver o potencial das pequenas coisas, seja uma nova tendência ou um ponto de vista diferente, alcançando assim melhores resultados que os outros.

Além disso, empreendedores têm a capacidade de enxergar além dos obstáculos ou barreiras em que outros veriam um ponto final. Empresários insistem, apesar dos problemas. Podem não ser muito bons no que aparece debaixo de seu nariz, nas coisas do dia a dia, pois pensam e olham além.

Alguns empreendedores dão a impressão de usar antolho. Uma vez focados em determinado ponto, vão até o fim. Afastam os empecilhos rapidamente, para não se distanciarem dos objetivos nem perderem o ímpeto.

PALADAR EMPREENDEDOR

Empreendedores sentem o gosto do sucesso em tudo o que fazem. O sabor do empreendimento ou do negócio não tem importância para eles, pois sabem que o gosto final será o do sucesso.

Mesmo quando percebem o sabor amargo de um mau negócio ou de uma decisão equivocada, insistem até que o gosto do sucesso lhes encha a boca.

Crianças obrigadas a comer vegetais de que não gostam (como couve-flor e couve-de-bruxelas) um dia crescem e passam a decidir o que colocam no prato. Assim é com os empreendedores. Passaram por maus pedaços, como todo mundo. Agora, querem escolher o gosto que sentem. E não desistem até provar o sucesso.

OLFATO EMPREENDEDOR

Empreendedores sentem o cheiro do sucesso a quilômetros de distância – na verdade, antes mesmo de experimentá-lo. É aquele doce aroma que os faz querer tocar e viver o sucesso.

E não é só isso. Eles também "farejam" o mau negócio. Não quero dizer com isso que tudo o que o empreendedor toca vira ouro, mas ele percebe logo o cheiro ruim.

Esse é o sentido mais importante para o empreendedor. Sem o aroma sedutor de algo potencialmente grandioso e estimulante, ele deixa passar.

Empreendedores também são capazes de sentir de longe o cheiro de esterco.

AUDIÇÃO EMPREENDEDORA

O ouvido recebe toda uma gama de vibrações e ondas de som diferentes que processa, transformando em algo que faça sentido para o cérebro. Isso, a princípio, é o que acontece com o empreendedor. Todos nós, de vez em quando, ouvimos falar de oportunidades de negócios. O que torna o empreendedor diferente dos outros é o fato de decifrar a informação – em geral rapidamente – e decidir-se logo a aproveitar ou desistir. As outras pessoas, em sua maioria, demoram a descobrir se a ideia vale a pena ou se não é tão boa quanto parece.

Empreendedores também possuem a habilidade de bloquear informações e comentários negativos que chegam a seus ouvidos. Assim, não permitem que esses alcancem suas ideias e, por conseguinte, seus atos.

Empreendedores têm audição seletiva. Eles sabem o que querem ouvir e conhecem o som do sucesso.

TATO EMPREENDEDOR

Empreendedores não abrem mão do que desejam. Para alguns, pode ser um processo rápido, para outros, pode levar um bom tempo. Mas eles não desistem até conseguir.

Nesse sentido, essa é a recompensa do empreendedor. Corresponde à emoção de caçar e ver o troféu pendurado na parede.

Não quero com isso dizer que a mão do empreendedor garante o sucesso. O fato é que ele tem certeza do que procura. Sabe qual deve ser a intensidade da pressão ou a delicadeza do toque. É como o contraste entre segurar um bebê e empunhar um martelo: com um, você é gentil, com o outro, é forte. O verdadeiro empreendedor tem o tato necessário.

Portanto existem muitos aspectos que distinguem o empreendedor do empresário comum. Agora que você sabe quais são, por que não aplicá-los, bem como tudo o que viu neste livro, a seus objetivos nos negócios?

Partilhei com você os "segredos do meu sucesso", se quiser chamar assim:

- Trabalho árduo leva você a qualquer lugar na vida e nos negócios.

■ Se você analisar realmente as áreas da empresa que lhe custam dinheiro todos os dias e aplicar o que leu neste livro, garanto que vai estar mais perto de atingir as metas que estabeleceu para si ao entrar no mundo dos negócios.

LISTA DE VERIFICAÇÃO

- ■ Você está a caminho de realizar suas aspirações pessoais?
- ■ Você trabalha para a empresa, e não na empresa?
- ■ Sua empresa é apenas uma ferramenta para você obter o que deseja?
- ■ Você possui metas tangíveis, fora da área profissional, que serão possíveis com o sucesso nos negócios?
- ■ Na vida profissional, você se importa com rótulos?
- ■ Quais foram as razões pelas quais você entrou no mundo dos negócios?
- ■ Você se concentra em alcançar o sucesso ou apenas espera que aconteça?
- ■ Você utiliza seus sentidos empreendedores todos os dias, em todas as situações?

Conclusão

A decisão é inteiramente sua, quanto a implementar ou não as ideias de que tomou conhecimento neste livro. O sucesso nos negócios recai por completo sobre os seus ombros, pois, como você viu, ser dono de uma empresa e administrá-la é muito mais do que apenas escolher um nome interessante para a marca. O segredo do crescimento e do sucesso nos negócios é voltar ao básico. As coisas simples se tornam as ferramentas mais eficientes. Seu sucesso só é limitado por você.

Criei uma ferramenta de negócios chamada Business BASICS©. Para concluir, aqui vai um resumo dos seis aspectos básicos aos quais você precisa dar atenção: aperfeiçoamento, ação, estratégia, individualidade, compromisso e satisfação.

1. APERFEIÇOAMENTO

Como empresários, precisamos melhorar constantemente e, mais importante, superar nossos sucessos anteriores. Muita gente não faz mais que tirar proveito de antigos êxitos. Ótimo que você tenha alcançado o sucesso no passado, mas, se não melhorar tais resultados, os negócios vão sofrer um baque significativo.

Foi muito bom o que consegui com a Attitude Inc®, mas não quero ser conhecido apenas por isso. Quero crescer e ser bem-sucedido em outras áreas, usando cada sucesso como plataforma para o seguinte.

2. AÇÃO

Ao voltar ao básico, você decide agir e elevar a sua empresa a um nível de excelência, retomar ideias antigas e trabalhar as áreas que há muito necessitavam de atenção.

Seus clientes querem fazer negócios com uma empresa que vai a algum lugar. Querem se sentir parte integrante de seu sucesso.

A prosperidade futura de sua empresa será determinada pelo nível de trabalho e esforço que você dedica para manter satisfeitos clientes novos e antigos.

3. ESTRATÉGIA

Não deixe que seu sucesso aconteça por acidente; faça dele o resultado de uma estratégia e de um pensamento estratégico.

Quero dizer com isso que muitas empresas obtêm sucesso durante um curto período porque estão no lugar certo, na hora certa. Embora seja uma situação positiva, não se deve pensar que a sorte dura para sempre.

Administre com estratégia. Estabeleça um plano que possa ser utilizado para avaliar seu crescimento.

4. INDIVIDUALIDADE

Liderança nos negócios significa ser notado primeiro pelos clientes. Portanto não siga o que os outros fazem. É muito fácil acompanhar a multidão. Afaste-se e escolha seu ritmo.

O problema de copiar os outros é a necessidade de estar sempre alerta, porque, como você não decide a orientação a seguir, não sabe o que vai acontecer.

As pessoas gostam de fazer parte de algo novo e estimulante, inclusive seus clientes.

Como indivíduo, você possui uma personalidade (espera-se). Portanto desenvolva seus negócios a partir daí. Assim, é mais provável que os clientes, por gostarem de você como pessoa, liguem-se emocionalmente a sua empresa. Vale a pena.

5. COMPROMISSO

Nem todas as tentativas serão bem-sucedidas. Mas o nível de compromisso é a chave para a recuperação rápida, depois de um revés.

O seu nível de compromisso em relação aos clientes e quanto à vontade de fazer de sua empresa um sucesso espetacular precisa ser extremamente alto. E eles saberão disso sem que você diga coisa alguma.

Ninguém quer fazer parte de um empreendimento que não vai a lugar algum.

6. SATISFAÇÃO

Finalmente, é de importância crucial estar satisfeito com o que você faz todos os dias. Se você não aguenta mais, se não quer se incomodar, meu conselho é: caia fora o mais rápido que puder. Satisfação e paixão são partes integrantes de toda operação de uma empresa bem-sucedida.

Não existe coisa pior que um empresário de cara feia. Certifique-se de estar caminhando em direção às metas originariamente traçadas por você.

Contagie de paixão as pessoas a sua volta e demonstre o nível de satisfação que elas lhe proporcionam.

Cuide para manter sua disposição de enfrentar tudo o que surgir no seu caminho, a cada dia.

O objetivo deste livro é demonstrar como operar e administrar uma empresa bem-sucedida sem gastar rios de dinheiro. Acredito que você vai pôr em prática o que eu disse e alcançar um nível de sucesso mais alto.

Aceite meus melhores votos para sua trajetória. Lembre-se de que as pequenas empresas são a espinha dorsal de qualquer país. Conquiste o orgulho de fazer o melhor trabalho possível.